핵심 개념과 실전 문제로
마스터하는

필수
알고리즘
박선주 저
with 파이썬

핵심 개념과 실전 문제로 마스터하는
필수 알고리즘 with 파이썬

Copyright ⓒ 2018 by Youngjin.com Inc.
1016, 10F. Worldmerdian Venture Center 2nd, 123, Gasan digital 2-ro, Geumcheon-gu, Seoul, Korea 08505
All rights reserved. No part of this book may be reproduced or transmitted in any form or by any means, electronic or mechanical, including photocopying, recording or by any information storage retrieval system, without permission from Youngjin.com Inc.

ISBN 978-89-314-5950-0

독자님의 의견을 받습니다.
이 책을 구입한 독자님은 영진닷컴의 가장 중요한 비평가이자 조언가입니다. 저희 책의 장점과 문제점이 무엇인지, 어떤 책이 출판되기를 바라는지, 책을 더욱 알차게 꾸밀 수 있는 아이디어가 있으면 팩스나 이메일, 또는 우편으로 연락주시기 바랍니다. 의견을 주실 때에는 책 제목 및 독자님의 성함과 연락처(전화번호나 이메일)를 꼭 남겨 주시기 바랍니다. 독자님의 의견에 대해 바로 답변을 드리고, 또 독자님의 의견을 다음 책에 충분히 반영하도록 늘 노력하겠습니다.

이메일 : support@youngjin.com
주 소 : (우)08505 서울시 금천구 가산디지털2로 123 월드메르디앙벤처센터2차 10층 1016호 (주) 영진닷컴 기획1팀
파본이나 잘못된 도서는 구입하신 곳에서 교환해 드립니다.

STAFF
저자 박선주 | **총괄** 김태경 | **진행** 김민경 | **디자인·편집** 인주영
영업 박준용, 임용수 | **마케팅** 이승희, 김다혜, 김근주, 조민영 | **제작** 황장협 | **인쇄** 제이엠

핵심 개념과 실전 문제로 마스터하는 필수 알고리즘 with 파이썬

이 책은 다음과 같은 독자들을 위해 집필했다.

- 파이썬을 알고 사용해본 경험은 있지만 알고리즘에 대해서는 친숙하지 않은 사람
- 정보 올림피아 대회를 준비하거나 IT 기업체의 소프트웨어 및 알고리즘 시험을 준비하는 사람

파이썬을 알지만 본격적으로 알고리즘에 대해 친숙하지 않은 독자들이라면 핵심 개념 파트에서 다루는 여러 가지 알고리즘에 대한 내용이 도움이 될 것이다. 또한, 정보 올림피아를 준비하거나 IT 기업체의 취업을 위한 소프트웨어 및 알고리즘 시험을 준비하는 독자들에게는 실전 문제 파트가 도움이 될 것이다. 이 책이 세상에 존재하는 모든 알고리즘에 관해 설명하고 있지는 않다. 그럴 필요도 없지만 그것은 불가능하다. 처음부터 끝까지 따르는 원칙은 이 책을 읽고 있는 독자들이 글자로 서술된 다양한 문제들을 머릿속에서 체계적으로 구조화하여 프로그래밍 코드로 풀어나가게끔 도와주는 것이다. 잘 알려지지 않은 신기한 알고리즘 1, 2개를 알고 있는 것보다 주어진 상황에 맞게 본인 스스로가 코드를 만들어서 풀어낼 수 있는 능력을 갖추는 것이 실무에서는 훨씬 큰 힘이 된다.

이러한 이유로 많은 국내의 IT 기업체와 국외의 외국계 기업 등에서 소프트웨어 개발자를 채용할 때 반드시 짚고 넘어가야 하는 관문으로 소프트웨어 시험 혹은 알고리즘 시험을 채택하고 있다. 제한된 시간과 환경에서 주어진 문제와 상황을 이해하고 그 문제를 해결하기 위한 가장 최적화된 코드를 만들어 낼 수 있는 사람들을 원하고 있다.

이 책은 그런 독자들에게 조금이나마 도움이 되기를 원해 만들어졌다. 여러분들이 무엇을 원하든지 도움이 될 수 있기를 바란다.

컴퓨터를 전공한 전공자든 비전공자든 프로그래밍 언어를 익히고 나서 바로 실무에 투입되기는 어렵다. 그것은 마치 영어 문법을 배운 사람들이 영어로 된 에세이를 쉽게 쓰지 못하는 것과 마찬가지다. 이 책은 파이썬의 한 걸음을 뗀 독자들에게 실무에 들어가기 위한 가이드 역할을 해준다. 또한, 프로그래머를 원하는 국내외 IT 기업체의 기술 면접 혹은 소프트웨어 시험에서 만날 수 있는 여러 가지 문제들을 알고리즘의 종류와 특성에 맞게 구성했다. 이 책이 모든 소프트웨어 시험과 기술 면접들을 커버 할 수는 없지만, 어떤 패턴의 문제인지 익힐 수 있다.

이 책의 구성

이 책은 크게 2개의 부분으로 구성되어 있다.

첫 번째 부분인 핵심 개념은 기존의 알고리즘 서적이나 프로그래밍 서적에서 다루었던 여러 알고리즘의 특성에 대해서 설명한다.

두 번째 부분인 실전 문제는 앞에서 배운 기본적인 알고리즘의 패턴에 맞게 난이도가 아주 낮은 기초적인 알고리즘 문제부터 난이도가 높은 문제들까지 다루고 있다. 문제를 한 번 보고 바로 풀기는 쉽지 않을 수 있다. 그러나 브레인 스토밍과 코드 해설을 통해 서술된 문제를 코드로 변환하는 방법에 대해 다룬다.

차례

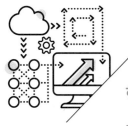

핵심 개념

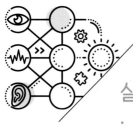

실전 문제

PYTHON

핵심 개념

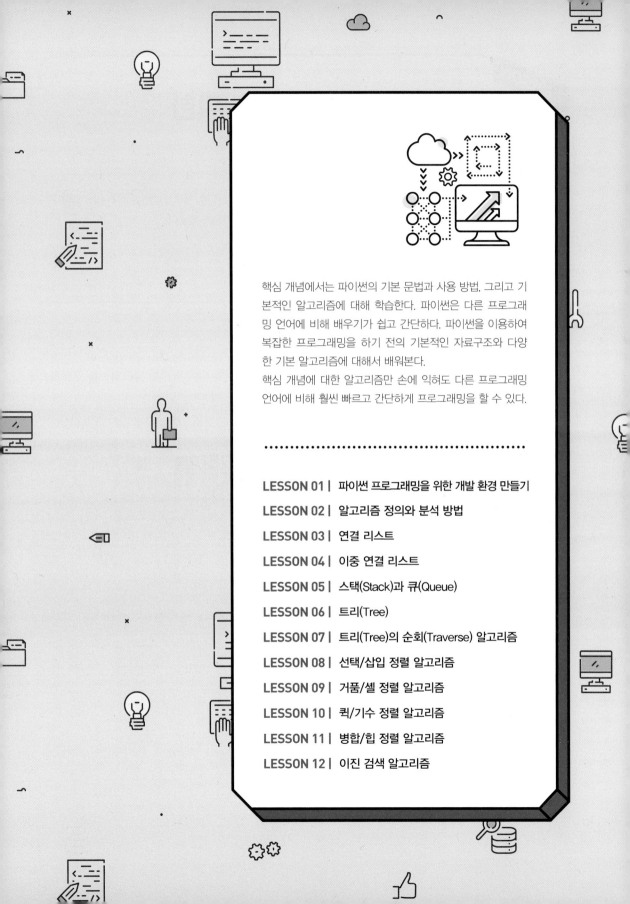

핵심 개념에서는 파이썬의 기본 문법과 사용 방법, 그리고 기본적인 알고리즘에 대해 학습한다. 파이썬은 다른 프로그래밍 언어에 비해 배우기가 쉽고 간단하다. 파이썬을 이용하여 복잡한 프로그래밍을 하기 전의 기본적인 자료구조와 다양한 기본 알고리즘에 대해서 배워본다.

핵심 개념에 대한 알고리즘만 손에 익혀도 다른 프로그래밍 언어에 비해 훨씬 빠르고 간단하게 프로그래밍을 할 수 있다.

파이썬 프로그래밍을 위한 개발 환경 만들기

Lesson 01에서는 파이썬 프로그래밍을 위해 필요한 파일을 다운로드하고 설치하는 방법, 그리고 파이썬 설치가 정상적으로 됐는지 확인하는 과정을 배운다.

1.1 파이썬 프로그램 개발 환경 만들기

알고리즘을 학습할 때 가장 사용하기 편리한 프로그래밍 언어는 파이썬이다. 파이썬의 장점은 윈도우든 리눅스든 운영체제가 달라도 사용하는데 상관이 없고 다른 프로그래밍 언어에 비해 알고리즘을 구현하기가 간단하다는 점이다. 그렇다면 파이썬을 사용하기 위해서 필요한 환경은 무엇일까?

파이썬의 소스 코드를 작성하기 위해서는 윈도우나 리눅스의 테스트 프로그램 하나만 있으면 된다.

파이썬 프로그램을 만들기 위해서는 소스 코드를 작성할 프로그램으로 메모장과 같은 텍스트 편집기가 있어야 한다. 이 책에서는 윈도우 환경에서 가장 널리 쓰이는 파이썬을 기준으로 설명할 예정이다.

1.1.1 파이썬의 설치

여기서는 요즘 초보자와 전문가를 가리지 않고 가장 많은 사용자를 확보하고 있는 파이썬의 설치 방법을 알아보도록 하자. 이미 파이썬을 설치하여 사용하고 있는 독자들이라면 해당 Lesson을 읽지 않고 넘어가도 된다.

파이썬을 사용하여 프로그래밍을 하기 위해서는 필요한 컴퓨터의 사양은 높지 않다. 여러분들이 사용하고 하는 운영체제가 설치되고 실행이 무난하면 문제 없다. 또한, 파이썬은 윈도우 계열이나 리눅스와 Mac OSX 등 대부분의 운영 체제에서 사용이 가능하다. 이 책에서는 현재 가장 많이 사용하고 있는 Windows 7에서 주로 테스트를 했다.

(1) 파이썬 공식 사이트

파이썬은 오픈 소스이며 비용을 지불하지 않고 누구나 무료로 사용이 가능하다. 여러분들이 파이썬을 설치하기 위해서는 먼저 http://python.org를 방문해야 한다.

▲ python.org 사이트

(2) Python 3을 선택

현재 파이썬은 2.X 버전과 3.X 버전이 혼용되고 있지만, 최근에는 점점 3.X로 대체되고 있다. 처음 파이썬을 배우고자 하는 입문자에게는 3.X 버전을 권장한다. 파이썬은 다른 프로그래밍 언어와는 달리 2.X와 3.X의 파이썬 버전의 차이가 커서 서로 잘 호환되지 않는다. 머신러닝과 딥러닝 같은 인공지능 분야에서 사용하는 파이썬은 주로 2.x 버전을 사용해왔다. 그 이유는 인공지능에 필요한 라이브러리들이 2.x에서부터 개발되어 왔고, 현재까지 계속 업데이트되어 왔기 때문이다. 그러나 이러한 분위기도 구글에서 텐서플로(tensorflow)라는 새로운 인공지능을 위한 프레임워크를 발표한 이후로는 파이썬 2.x보다는 3.x를 사용하는 쪽으로 흘러가고 있다.

다음 그림과 같이 "Python 3.6.2"를 선택한다. 책을 집필하고 있는 현재 최신 버전이 3.6.2라서 이와 같은 버전으로 작성되어 있으며 여러분들이 이 책을 보는 시점에서는 아마 버전이 조금 올라갔으리라 생각된다. 그러나 동일한 3.X 버전이라면 큰 차이는 없다.

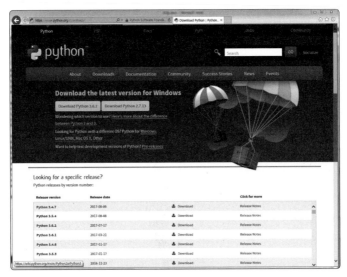

▲ 파이썬 3.X의 다운로드

(3) 파이썬 설치 파일의 실행

이제 다운로드 받은 [python-3.6.2.exe]를 더블 클릭하여 설치 과정을 따라 파이썬을 설치한다. 설치 과정은 어려운 점이 없기 때문에 설치 화면은 생략하기로 하자. 이 글을 집필하는 현재 최신 버전은 3.7.0 이다. 이 책에 있는 소스 코드는 3.7.0을 사용해도 문제가 없다.

1.2 **첫 번째 파이썬 프로그램 만들기**

파이썬은 기본적인 절차적 프로그래밍과 함께 객체 지향 프로그래밍(Object Oriented Programming : OOP) 개념을 추가한 언어이기 때문에 C++이나 자바에서 사용하는 객체 지향 프로그래밍을 할 수 있다. 이번 Lesson에서는 간단한 파이썬 프로그램을 만들어보고 실행을 해보면서 파이썬 개발 환경에 익숙해지도록 하자.

1.2.1 인터프리터로 "Hello World" 출력하기

파이썬 프로그래밍을 하기 위해서 필요한 것은 당연히 파이썬 인터프리터이다. 앞의 과정에서 설치를 완료한 파이썬 인터프리터를 실행한다.

▲ 파이썬 인터프리터

위와 같이 실행한 파이썬 인터프리터는 검은색 화면(이 검은색 화면의 색상은 다른 컬러로 변경할 수 있다)에 프롬프트()〉〉_)만 깜빡거린다. 깜빡거리는 프롬프트는 사용자로부터의 입력을 기다린다는 의미이다.

이 프롬프트에 다음 그림과 같이 print("Hello World") 라는 문장을 입력하고 엔터키를 누른다.

▲ "Hello World"의 출력

이 명령은 "Hello World" 문자열을 print() 함수에 매개 변수로 전송하여 화면에 출력하라는 뜻이다.

보통 이와 같이 "Hello World" 문자열을 화면에 출력하는 프로그램을 C와 같은 다른 프로그래밍 언어로 작성하면 적어도 다음과 같은 코드가 필요하다.

```
#include <stdio.h>

int main()
{
    printf("Hello World");
    return 0;
}
```

이러한 C 코드를 작성한 후에도 C 컴파일러를 이용하여 컴파일하는 작업도 필요하다. 그에 반해 파이썬은 화면에 print("Hello World") 라고만 입력하고 엔터키만 누르면 된다. 이것이 바로 파이썬의 강력한 장점 중 하나인 간결함이다.

1.2.2 인터프리터로 계산기 기능 만들기

파이썬은 인터프리터이기 때문에 계산기 기능을 사용 할 수 있다. C언어나 다른 프로그래밍 언어로 계산기를 만들려고 하면 그리 쉽지 않지만, 파이썬에서는 마치 탁상용 계산기를 사용하듯이 사용 할 수 있다.

(1) 덧셈 연산

덧셈 연산은 '+' 기호만 사용해주면 된다. 다음 그림을 살펴보자.

▲ 파이썬의 덧셈 연산

프롬프트에서 1+2+3+4를 입력하고 엔터키를 누르면 바로 다음 문장에 4개의 숫자의 덧셈 결과인 10이 출력된다. 그러나 1+2+3+4=과 같이 덧셈 연산 뒤에 '=' 기호를 입력하고 엔터를 누르면 "invalid syntax"

라는 문법이 틀렸다는 에러 메시지가 출력된다. 파이썬에서 덧셈은 '='기호를 사용하지 않으며 덧셈하기 원하는 숫자를 입력하고 엔터키만 누르면 된다.

(2) 뺄셈 연산과 괄호 연산

덧셈 연산이 되면 뺄셈 연산이 되는 것은 당연하다. 다음은 뺄셈 연산과 괄호 연산에 대한 실행 결과이다.

▲ 파이썬의 뺄셈 연산과 괄호 연산

새로 생성할 파이썬 프로그램의 소스 파일을 입력할 때는 정확하게 확장자를 '.py'라고 명시해주어야 한다.

이제부터는 직접 파이썬 코드를 입력하면서 실행 파일을 생성하는 방법에 대해서 알아보도록 하자.

1.3   소스 코드 작성에서 컴파일까지

이제 파이썬 쉘을 실행하고 [File] 메뉴로부터 간단한 파이썬으로 된 소스 코드를 입력하여 컴파일하여 실행하는 과정을 해보자.

1.3.1 새로운 소스 코드 입력하기

먼저 이미 설치되어 있는 파이썬 쉘을 메뉴에서 찾아 실행한다.

먼저 파이썬의 에디터 화면에서 다음과 같은 코드를 입력한다.

그리고 나서 실행된 파이썬 쉘에서 [File]-[New File]을 선택한다.

비어 있는 화면에 위와 같은 코드를 입력하고, 저장 메뉴 [Save]를 선택한다.

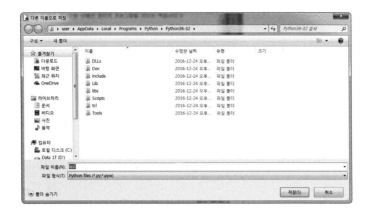

저장할 때의 파일 확장자는 자동으로 파이썬 확장자인 ".py"가 붙게 된다.

이 예제를 사용하여 파이썬으로 이 프로그램을 어떻게 빌드를 하는지 알아보자.

앞의 소스 코드를 입력한 후에 다음과 같이 [Run]→[Run Module] 메뉴를 선택한다.

[Run]→[Run Module] 메뉴를 선택하거나, [F5]를 누르면 우리가 입력한 파이썬 코드를 빌드하고 실행된다. 빌드 과정 중에 오류가 없다면 다음 그림과 같은 화면을 볼 수 있다.

위의 화면은 컴파일 과정 중에 특별한 오류나 경고가 없다는 의미이고, 만약 여러분들이 입력한 소스 코드에 오류나 경고가 있다면 다음과 같은 메시지가 나타난다.

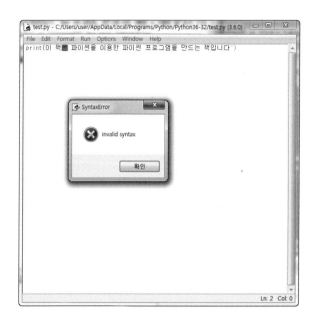

위의 화면은 test.py 파일의 첫 번째 줄에서 오류가 있다는 의미이다. 당연히 소스 코드가 있는 편집 창에서 올바르게 수정 해야 한다. 위 오류의 의미는 print() 함수에서 큰따옴표(")가 빠졌다는 의미이다. 오류를 찾아서 수정하는 방법은 코드를 살펴보면서 자세히 다루도록 하자.

1.3.2 기존의 소스 코드 불러오기

앞에서는 새로운 소스 코드를 만들어서 개발자가 일일이 입력하는 방법에 대해 알아보았다. 만약 친구들이나 동료들이 이미 만들어 놓은 파이썬 소스 파일을 가져와서 사용해야 하는 경우라면 어떻게 해야 할까?

그림과 같이 [File]→[Open] 메뉴를 선택하면 이미 만들어져 있는 다른 파이썬 소스 코드 파일을 파이썬 쉘로 불러 들여서 수정하거나 추가, 혹은 그대로 실행할 수도 있다.

이번 Lesson에서는 파이썬을 사용하여 간단한 파이썬 프로그램을 어떻게 만드는지에 대해 살펴보았다. 기존의 C++이나 자바에 익숙해 있는 독자들이라면 파이썬에서 제공하는 기능들이 조금 생소할 수도 있겠지만, 필자의 개인적으로는 기존의 다른 프로그래밍 언어보다 더 효율적인 기능을 제공하고 있다는 생각이 든다.

파이썬을 사용하여 파이썬 프로그램을 개발하기 위해서는 파이썬의 에디터를 사용하거나 일반적인 텍스트 에디터를 사용하면 된다. 물론 기존에 이미 다른 에디터로 만들어 둔 소스 코드 파일이 있다면 불러와서 사용할 수도 있다. 사실 파이썬을 사용하기 위해 파이썬 쉘을 사용하든, PyCharm과 같은 전용 편집 툴을 사용하든 어떤 것들을 사용해도 크게 상관은 없다. 독자들이 사용하기 쉽고 편한 툴을 선택해서 사용해도 무방하다.

알고리즘 정의와 분석 방법

이번 Lesson에서는 알고리즘에 대한 정의와 성능을 비교, 분석할 수 있는 O 표기법에 대해 배운다.

2.1 알고리즘 정의

프로그래밍에 대한 공부를 하거나 프로그래밍을 평생의 직업으로 삼은 많은 프로그래머들이라면 누구나 알고 있는 용어 중에 하나가 알고리즘이다. 또한 아무리 컴퓨터를 전공한 사람들이라도 알고리즘만큼 머리를 지끈지끈 아프게 하는 용어도 드물다.

컴퓨터에 입문하는 순간부터 아마도 가장 많이 사용하는 영어 단어 중의 하나는 알고리즘(Algorithm)일 것이다. 알고리즘의 사전적 의미는 "어떤 종류의 문제를 풀기 위한 특별한 방법"을 의미한다. 그 중에서 컴퓨터 분야에서 사용하는 알고리즘에 대한 사전적 정의는 다음과 같다.

"어떤 종류의 문제를 컴퓨터를 사용하여 해결하기 위한 좀 더 효율적인 방법"이 컴퓨터 분야에서 사용하는 알고리즘의 정의라고 볼 수 있다.

알고리즘은 위에서 설명한대로 문제를 푸는 방법을 의미한다. 그러나 단순히 문제를 푸는 방법이라고 해서 수학 공식과 같이 정해져 있는 특정한 규칙이 있는 것은 아니다. 운동장에서 키 순서대로 학생들을 줄 세우는 것도 알고리즘의 한 종류라고 할 수 있고, 이름을 가, 나, 다, 라 순서로 출석부의 번호를 매기는 것도 알고리즘이라고 할 수 있다.

위에서 정의한 알고리즘을 다시 정의해보자. 알고리즘이란 "주어진 조건(Condition)에서 컴퓨터를 사용하여 효율적으로 문제를 해결하는 방법"을 의미한다. 조건이 달라지면 효율적으로 문제를 해결하는 방법도 달라지기 마련이다.

이 책에서 소개하는 알고리즘들을 비롯하여 많은 알고리즘들이 이 세상에 존재한다. 새로운 알고리즘을 만들게 되면, 그 알고리즘이 얼마나 효율적인 알고리즘인가를 검증해야 한다. 물론 직접 프로그래밍을 해서 알고리즘의 실행 시간도 측정하고, 사용하는 메모리도 검사할 수 있지만, 모든 알고리즘을 그와 같이 직접 실행해서 측정하는 방법에는 많은 제약점이 존재한다. 또한, 알고리즘의 성능은 프로그래밍되어 실행되는 시스템이나 사용 환경에 따라 많은 영향을 받기 때문에 단순히 알고리즘의 시간 측정 혹은 메모리의 사용 여부만으로 판단하기에는 무리가 있다.

또한, 간단한 알고리즘의 경우에는 상관없지만 이 책에서 다루는 정렬 알고리즘이나 이후에 다룰 검색 알고리즘, 압축이나 암호화 알고리즘 등의 경우에는 최선의 경우 혹은 최악의 경우에 따라서 성능이 달라질 수 있다.

여러 학자들이 이와 같은 알고리즘의 성능 비교를 위해 다양한 방법을 제안했는데 그 중에서 가장 흔히 사용하는 방법은 O 표기법이다. O 표기법은 알고리즘의 성능 평가 방법 중에서 가장 많이 사용하는 방법이며 최선의 성능, 최악의 성능 중에서 최악의 성능에 대한 측정 방법이다. 최악의 성능 평가에 대한 측정을 하는 이유는 적어도 이 정도 성능 이상은 보장한다는 의미이기 때문이다.

이 방법은 알고리즘의 성능이 최선의 경우에는 시스템이나 여러 환경적인 요인에 의해 들쑥날쑥 할 수 있기 때문에 최악의 성능에 대한 측정을 통해 보장할 수 있는 알고리즘의 최소한의 성능을 비교할 수 있기 때문이다.

그렇다면 가장 많이 사용되는 O 표기법으로 프로그램의 성능을 계산하는 방법에 대해 알아보자.

다음은 1부터 100까지 덧셈하여 그 결과를 화면에 출력하는 프로그램이다.

```python
#!/usr/bin/python

if __name__ == '__main__':
    sum = 0
    for i in range(101):
        sum += i
    print("1부터 100까지의 합 : {}".format(sum))
```

위의 코드에서 1부터 100까지의 숫자를 덧셈하는데 필요한 성능에 영향을 주는 코드는 for문의 반복문

뿐이다.

```
for i in range(101):
        sum += i
```

이 반복문이 총 100번을 실행하게 되므로 1번밖에 실행하지 않는 다른 코드 라인은 알고리즘의 실행에 영향을 주지 못하는 것이다.

위의 for문은 N이 1이면 1회, N이 10이면 10회, N이 100이면 100회가 실행된다. 결국 이 프로그램은 N의 값이 얼마가 되느냐에 따라 for문의 반복 횟수가 결정되며 for문의 반복 횟수는 결국 알고리즘의 성능에 가장 큰 영향을 미치는 요소가 되는 것이다.

여기서 N은 처리해야 할 데이터의 양을 말한다. 예를 들어, 1부터 100까지의 수를 정렬하는 경우에 N은 정렬해야 할 데이터의 양이 1부터 100까지 총 100개이므로 100이 된다.

따라서 1부터 N까지의 합을 구하는 프로그램을 O 표기법으로 나타내면 다음과 같이 나타낼 수 있다.

$$i = O(C_0 * N) = C(N) , C_0 는 상수$$

결국 이 프로그램은 N의 크기에 의해 전체 프로그램의 성능이 영향을 받게 되는 것이다.

이와 같이 O 표기법은 알고리즘의 성능을 평가하기 위해 처리해야 할 데이터의 양에 대한 실행 시간을 수학적으로 계산하는 방법이다. O 표기법은 처리하는 데이터에 따라 다음 7가지 정도로 나누고 있다.

❶ O(1)

이와 같은 성능을 갖는 알고리즘은 처리해야 할 데이터의 양과 상관없이 항상 일정한 실행 시간을 갖는 알고리즘을 의미한다.

❷ O(log₂N)

이와 같은 성능을 갖는 알고리즘은 처리해야 할 데이터의 양이 증가할수록 실행 시간도 약간씩 증가하는 알고리즘을 의미한다. 그러나 실행 시간의 증가폭 자체가 logN 그래프를 갖기 때문에 급격하게 증가하지는 않는다. 일반적으로 효율이 좋은 검색 알고리즘의 성능이 이에 해당된다.

❸ O(N)

이와 같은 성능을 갖는 알고리즘은 처리해야 할 데이터의 양과 비례하여 실행 시간도 증가하는 경우이다. 위의 1부터 100까지의 덧셈 결과를 출력하는 프로그램이 이에 해당된다.

❹ O(NlogN)

이와 같은 알고리즘은 처리해야 할 데이터의 양에 비해 정비례보다 약간 더 증가하는 실행 시간을 갖게 된다. 일반적으로 효율이 좋은 정렬 알고리즘의 성능이 이에 해당된다.

❺ O(N²)

이와 같은 알고리즘은 다음과 같이 반복문 2개가 중첩되어 있는 경우의 알고리즘이다.

```
for i in range(N):
        for j in range(N)
            # 처리
```

이와 같은 알고리즘은 처리해야 할 데이터의 양이 증가하면 증가할수록 데이터의 제곱만큼의 실행 시간이 소요되기 때문에 그리 좋은 알고리즘이라고 볼 수는 없다.

❻ O(N³)

이와 같은 알고리즘은 반복문이 3번 중첩되어 있는 경우의 알고리즘이다. 따라서 처리해야 할 데이터가 증가하면 실행 시간은 그의 세제곱만큼 증가하기 때문에 상당히 성능이 좋지 않은 알고리즘이라고 볼 수 있다.

❼ O(2^N)

이와 같은 알고리즘은 데이터에 증가에 따라 2의 N승만큼의 실행 시간이 증가하는 알고리즘이다. 그다지 추천하지 않는 알고리즘이다.

2.3 알고리즘에 따른 O 표기법

이미 앞에서 설명했지만 알고리즘의 성능을 좌우하는 요소는 제어문(주로 반복문)이다. 그 외에 대입 연산이나 연산자를 이용한 단순 연산 등은 알고리즘의 성능에 그다지 영향을 미치지 못한다.

따라서 여러분들이 어떤 알고리즘의 성능이 좋은지를 판단하기 위해서는 그 알고리즘 안에 있는 제어문의 구성과 개수 등을 세밀하게 살펴볼 필요가 있다. 바로 이러한 제어문들이 알고리즘의 분석 대상이 되기 때문이다.

그렇다면 앞으로 우리가 다루게 될 여러 가지 알고리즘들의 성능을 평가하기 전에 파이썬의 구문을 O 표기법으로 어떻게 표현하게 되는지 알아보도록 하자.

2.3.1 반복문은 최대 반복 횟수로 계산한다.

예를 들어 다음과 같이 1부터 100까지의 수를 덧셈하는 반복문이 있다고 가정해보자. 파이썬에서 반복문은 range(101)을 해야 100까지 반복하게 된다.

```
for i in range(101) :
    sum = sum + i
```

위의 코드는 1부터 100까지 총 100번을 반복해서 실행된다. 이와 같이 반복문이 하나 있는 경우는 최대 반복 횟수를 O 표기법으로 표시한다.

따라서 O(100)이 되는데 O 표기법에서는 아무리 큰 수라도 상수인 경우는 무조건 1로 표기하므로 결국 위의 반복문은 O(1)이 된다.

이미 배웠듯이 위의 코드에서 101을 N으로 바꾸게 되면 O 표기법에 의해 O(N)이 된다.

2.3.2 중첩된 반목문은 각각의 중첩문의 최대 반복 횟수를 곱셈하여 계산한다.

다음과 같이 2개의 for문이 중첩되어 있다고 가정해보자.

```
for i in range(N) :
    for j in range(N) :
        k = k + 1
```

위와 같이 2개의 for문이 중첩되어 있는 경우에는 각 반복문의 최대 반복 횟수를 곱셈하여 O 표기법을 계산한다. 첫 번째 반복문의 최대 반복 횟수는 N이며, 두 번째 반목문의 최대 반복 횟수도 N이 된다. 따라서 O 표기법으로 표기하면 O(N * N) = O(N^2)이 된다.

마찬가지로 다음과 같이 for문이 3번 중첩되어 있는 경우는 O(N * N * N) = O(N^3)이 된다.

```
for i in range(N) :
    for j in range(N) :
        for k in range(N) :
            s = s + 1
```

2.3.3 반복문이 떨어져서 2개 이상 있는 경우는 그 중 가장 큰 값으로 계산한다.

다음과 같이 서로 다른 2개의 반복문이 있다고 가정해보자.

```
for i in range(N):
        sum = sum + i
        i = 0

for i in range(N):
    for j in range(N):
        k = k + 1
```

이와 같은 경우는 첫 번째 for문과 두 번째 for문은 별개의 for문이다. 따라서 각각의 O 표기법을 구해 보면 첫 번째 for문은 $O(N)$이 되며, 두 번째 중첩되어 있는 for문은 $O(N^2)$이 된다.

이 중에서 $O(N^2)$이 더 큰 값이므로 위의 서로 다른 반복문이 2개 있는 경우의 O 표기법은 $O(N^2)$이 된다.

2.3.4 if-else 문은 알고리즘 성능에 영향을 미치지 않는다.

프로그램 내에서 가장 빈번하게 사용되는 구문 중의 하나는 if-else문이다. 그러나 if-else문은 알고리즘의 성능에는 영향을 미치지 않는다.

2.3.5 재귀 호출은 풀어서 계산한다.

다음은 팩토리얼(Factorial)을 재귀 호출을 사용하여 구하는 프로그램이다.

```
def fact(int N):
    if N <= 1:
        return 1
    else:
        return N * fact(N - 1)
```

위의 프로그램을 얼핏 보면 if-else문에 재귀 호출까지 섞여 있어서 복잡해 보이지만 2.3.4에서 알아본 대로 if-else문은 알고리즘의 성능에 영향을 미치지 않는다는 점을 생각하자.

결국 남은 것은 else문의 return N * fact(N − 1) 뿐이다.

앞의 재귀 호출을 풀어서 계산하면 다음과 같이 된다.

$$N * (N - 1) * fact(N - 2) = N * (N - 1) * (N - 2) * fact(N - 3)$$
$$= N * (N - 1) * (N - 2) * ... * 2 * 1$$

결국 1부터 N까지의 곱셈에 해당된다. 앞의 팩토리얼 연산처럼 곱셈 연산으로 되어 있는 경우도 덧셈인 연산과 비슷하다. 위의 재귀호출은 N번 반복하게 된다. 따라서 O 표기법으로 표시하면 앞의 팩토리얼 함수는 $O(N^N)$이 된다.

2.4   알고리즘 최적화

프로그램을 최적화 한다는 말은 결국 그 프로그램에서 사용하는 알고리즘을 최적화 한다는 의미이다. 그렇다면 지금까지는 알고리즘의 성능에 대한 수학적인 접근을 주로 배웠는데 알고리즘을 최적화 한다는 의미는 무엇을 말하는 것일까?

이미 여러분들이 O 표기법을 배우면서 느꼈듯이 알고리즘의 성능에 제일 중요한 요소는 시간이다. 같은 기능을 실행하는데 실행 시간을 얼마나 줄일 수 있는지가 그 알고리즘이 뛰어난 알고리즘인지 아니면 쓸 모없는 알고리즘인지를 판단하는 기준이 된다.

사실 어떤 알고리즘의 성능을 판단하기 위해 시간을 측정하는 방법은 실제 알고리즘이 실행되는 시간을 스톱워치(Stop Watch)로 직접 재보거나 그와 비슷하게 실제로 실행되는 시간을 측정해보는 방법이 제일 좋다.

그러나 현실적으로 성능을 비교하려는 모든 알고리즘을 구현해서 직접 실행시켜 보는 것도 어려울뿐더러 각각의 알고리즘이 실행되는 시간을 계속 체크하고 있다는 것도 현실성이 떨어진다.

알고리즘에 따라서는 1~2분 정도가 아니라 1달이 걸릴지 2달이 걸릴지도 모르는 경우도 있는데 그런 실행 시간을 고려하지 않고 무작정 실시간으로 실행 시간을 체크한다는 것은 바보 같은 짓이다. 결국 객관적으로 어떤 알고리즘이 다른 알고리즘에 비해 성능이 뛰어나다는 것을 증명하기 위한 가장 빠르고 정확한 방법이 바로 수학적 모델링이며 그 중에서 O 표기법은 최악의 경우도 이 정도이기 때문에 평균 실행 시간이나 최선의 경우는 이보다는 훨씬 빠르다는 것을 나타낼 수 있다.

그렇다면 알고리즘의 성능을 좀 더 끌어 올리는 최적화는 어떻게 해야 할까? 이론적으로는 최악의 성능을 더 좋도록 수정하면 결국 전체적인 성능 향상이 있을 수 있다.

O(N³)의 경우라면 알고리즘을 더 최적화시켜서 O(N²)으로 만드는 것이 최적화에 해당하며, O(N²)의 경우라면 O(NlogN)이나 더 나아가서 O(N)이 되도록 하는 것이 최적화에 해당될 것이다.

위에서 살펴본 부분 수열의 합을 구하는 프로그램을 수정하면 O(N³)의 성능을 O(N²)이나 O(NlogN)으로 향상시킬 수가 있다.

그렇다면 알고리즘의 최적화 전과 후의 코드를 살펴보자.

최적화 전 코드는 O(N³) 성능을 갖는 부분 수열의 합 프로그램이다.

```
def max_sum(int N):
    sum = max = 0

    for i in range(N):
        for j in range(N):
            sum = 0
            for k in range(i, j+1):
                sum = sum + data[k]
            if sum > max:
                max = sum
    return max
```

최적화 후의 코드는 O(N²) 성능을 갖는 부분 수열의 합 프로그램이다.

```
def fact(int N):
    if N <= 1:
        def max_sum(int N):
    sum = max = 0

    for i in range(N):
        sum = 0
        for j in range(i, N + 1):
            sum = sum + Array[j]
        if sum > max:
            max = sum
    return max
```

앞의 최적화된 향상 후 코드를 보면 향상 전에 3개를 사용했던 for문을 하나 줄여서 2개만으로 값을 구하는 것을 볼 수 있다. 변수 N을 10이나 100으로 설정해서 앞의 2개의 프로그램을 실행시키면 최신형 core i7 CPU를 갖는 컴퓨터 환경에서는 체감적으로 속도 차이를 못 느끼겠지만 변수 N의 값이 10,000이나 100,000 혹은 그 이상이 되었다고 가정해보자. $O(N^3)$과 $O(N^2)$의 차이는 엄청난 속도 차이를 보여준다.

이처럼 알고리즘을 최적화하기 위해서는 알고리즘의 전체 성능이 O 표기법을 먼저 구하고, 그 O 표기법의 성능을 높이는 방법으로 진행하는 것이 가장 최상의 최적화 방법이다.

2.5 정리

이번 Lesson을 보면서 도대체 알고리즘과 프로그래밍을 공부하는데 머리 아프게 복잡한 수학 공식이 웬 말이냐고 투덜투덜 불평을 하는 몇몇 독자들도 있을지도 모른다. 그러나 여러분들이 앞으로 이 책에서 만나게 될 알고리즘들은 호락호락한 알고리즘들이 아니다. 이러한 알고리즘들은 이미 실용화되어 운영체제, 응용 프로그램 이미지 처리 프로세싱 등 많은 분야에 적용되고 있다.

따라서 이러한 알고리즘들을 무조건 추종하는 것이 아니라 알고리즘의 기본 개념을 이해하고 그 성능을 평가할 수 있는 방법을 아는 것이 중요하다.

연결 리스트

이번 Lesson에서는 알고리즘과 자료구조 중에서 가장 기본이 되며, 가장 많이 사용되는 연결 리스트에 대한 개념과 연결 리스트를 파이썬으로 구현하는 방법에 대해 배운다.

3.1 연결 리스트(Linked List)란?

연결 리스트는 대부분의 알고리즘에서 사용하는 기본 자료구조이다. 알고리즘에서 사용하는 데이터와 다음 노드를 가리키는 링크를 묶어서 노드로 정의하여 사용한다. C나 C++과 같은 프로그래밍 언어에서는 포인터(pointer)의 개념으로 링크를 사용하겠지만 파이썬은 포인터라는 개념도 없을뿐더러 필요하지도 않다. 이제 파이썬에서 사용하는 연결 리스트가 무엇이며, 연결 리스트의 기본 개념인 노드와 링크가 무엇인지 알아보자.

3.1.1 노드(Node)와 링크(Link)

연결 리스트에 대한 자료구조와 알고리즘을 살펴보기 전에 먼저 간단한 용어부터 알아보자. 연결 리스트에는 기본적으로 노드(Node)와 링크(Link)라는 용어를 사용한다.

파이썬에서 연결 리스트를 사용하기 위해서는 노드(Node)를 다음과 같이 클래스로 정의하여 사용한다.

```python
class Node:
    def __init__(self, data, next=None):
        self.data = data
        self.next = next
```

위의 코드는 Node라는 이름의 클래스를 선언하며 이 클래스로 객체가 생성될 때 __init__ 메서드를 호출한다. 이 Node 클래스는 데이터를 저장하는 data와 링크를 저장하는 next를 멤버로 갖고 있다.

이러한 형태의 노드를 묶어서 연결 리스트의 형태로 표현하면 다음과 같이 된다.

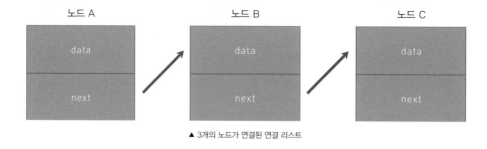

노드 A   노드 B   노드 C

▲ 3개의 노드가 연결된 연결 리스트

위의 그림을 자세히 보면 링크에 화살표로 되어 있는 방향이 있음을 알 수 있다.

위의 그림은 다음 노드를 가리키는 링크만이 존재하는 노드다. 위 그림에서 노드 A를 보면, 노드 A는 노드 B를 가리키게 된다. 이처럼 연결된 다음 노드들을 계속 가리키며 마지막 노드인 노드 C까지 가리키게 된다. 이처럼 자신의 노드에서 다음의 노드만을 가리킬 수 있는 형태가 전형적인 연결 리스트의 형태다.

3.1.2 연결 리스트의 특징

연결 리스트에서 사용하는 알고리즘을 살펴보기 전에 연결 리스트가 왜 사람들에게 자주 언급되는지에 대해 먼저 알아야 한다. 연결 리스트는 자료를 저장하는 하나의 자료구조에 불과하다. 기본적인 개념은 파이썬의 배열과 거의 동일하다.

그렇다면 왜 배열을 사용하지 않고 연결 리스트는 사용할까?

연결 리스트의 장점은 곧 배열의 단점이 된다. 이 책을 읽고 있는 독자들이라면 배열(Array)에 대해서 모두 알고 있을 것이다. 배열은 동일한 자료형을 갖는 데이터의 집합이다. 그 특성은 연속적이라는 것이다. 배열의 특징은 배열을 생성할 때 한번에 총 메모리를 확보하여 사용할 수 있도록 하기 때문에 프로그램이 실행되는 중간에 배열의 크기를 바꾸거나 할 수가 없다.

따라서 배열의 단점은 배열 안에 저장되어 있는 값들을 정렬할 때도 일일이 메모리에 저장되어 있는 값을 바꾸어주어야 한다. 연결 리스트는 이와 같은 배열의 단점을 해결해준다.

배열은 연속된 메모리를 사용하지만 연결 리스트는 반드시 연속적이라고는 볼 수 없다. 오히려 연결 리스트는 연속적이지 않는 데이터들을 링크로 서로 연결하는 개념이라고 볼 수 있다.

연결 리스트의 삽입과 삭제 알고리즘

앞에서는 연결 리스트가 개념적으로 어떻게 구성되어 있는지에 대해서 살펴봤다. 이제 연결 리스트에 새로운 노드를 삽입하는 방법에 대해 알아보자.

3.2.1 연결 리스트의 초기화

연결 리스트를 활용한 여러 알고리즘을 보기 전에 2개 이상의 데이터를 노드에 저장하여 서로 연결하게 되는 연결리스트의 초기화에 대해 알아보자.

다음 그림과 같이 총 4개의 노드를 연결하는 연결 리스트를 만들어보자.

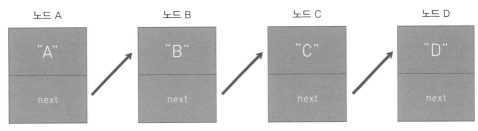

▲ 4개의 노드가 연결된 연결 리스트

위와 같이 총 4개의 노드가 연결된 연결 리스트를 만들기 위해서는 다음과 같은 파이썬 코드를 작성해야 한다. 연결 리스트를 초기화하는 기능을 하므로 이 함수를 init_list()라고 한다.

```python
#!/usr/bin/python
class Node:
    def __init__(self, data, next=None):
        self.data = data
        self.next = next

def init_list():
    global node_A
    node_A = Node("A")
    node_B = Node("B")
    node_C = Node("C")
    node_D = Node("D")
    node_A.next = node_B
    node_B.next = node_C
    node_C.next = node_D
```

```
def print_list():
    global node_A
    node = node_A
    while node:
        print(node.data)
        node = node.next
    print


if __name__ == '__main__':
    init_list()
    print_list()
```

위의 파이썬 코드를 입력하고 실행해보면 다음과 같은 실행 결과를 볼 수 있다.

```
C:\ProgramData\Anaconda3\python.exe D:/Mywork/python_algo/linkedlist.py
A
B
C
D

Process finished with exit code 0
```

▲ 연결 리스트의 init_list() 함수의 실행 결과

위의 코드에서 다른 부분은 당장 이해하지 못해도 상관없다. 우리가 알아야 할 부분은 총 4개의 노드를 생성하고, 각각의 노드에 데이터를 저장한 후에 각 노드를 링크로 연결하는 init_list() 함수이다.

```
def init_list():
    global node_A
    node_A = Node("A")
    node_B = Node("B")
    node_C = Node("C")
    node_D = Node("D")
    node_A.next = node_B
    node_B.next = node_C
    node_C.next = node_D
```

위의 코드 자체는 간단하다. Node 객체를 생성하되, 처음에는 "A"라는 data 값을 갖는 객체를 생성하여, node_A에 저장하고, node_B와 node_C, 그리고 node_D까지 이와 같은 작업을 동일하게 수행한다.

그리고 나서 node_A의 next 멤버에 다음 노드에 해당하는 node_B를 저장한다. 바로 이 부분이 노드 A 가 노드 B를 가리키도록 하는 링크를 생성하는 부분이다. 이 작업을 A, B, C, D까지 작업해주면 앞의 그림과 같이 총 4개의 노드가 하나의 연결 리스트로 연결된 모습이 된다.

3.2.1 연결 리스트의 삽입 알고리즘

배열과는 달리 연결 리스트는 각각의 노드가 링크로 연결되어 있다. 따라서 연결 리스트의 중간에 어떤 값을 노드를 연결시키는 것도 간단하다.

다음의 그림을 살펴보자.

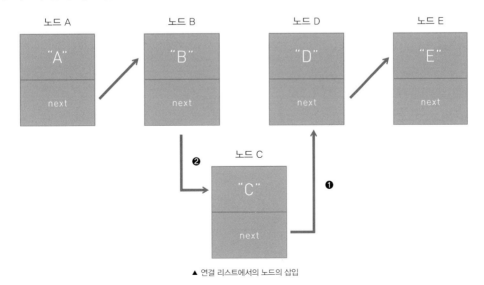

▲ 연결 리스트에서의 노드의 삽입

예를 들어 위의 그림과 같이 A, B, D, E 총 4개의 노드가 있다고 가정해보자. 노드 B와 노드 D 사이에 노드 C를 삽입하기 위해서는 새로 삽입되는 노드 C가 노드 D를 가리키도록 하고(❶번), 그 후에 원래는 노드 D를 가리키고 있던 노드 B가 노드 C를 가리키도록 해야 한다(❷번).

위의 그림에서 보듯이 링크의 순서를 바꾸면 절대! 안된다. 1과 2의 순서를 바꾸게 되면 연결 리스트의 전체 연결이 끊어져 버리는 황당한 일이 발생한다.

앞의 그림대로 코드를 작성하면 다음과 같다.

```python
#!/usr/bin/python
class Node:
    def __init__(self, data, next=None):
        self.data = data
        self.next = next


def init_list():
    global node_A
    node_A = Node("A")
    node_B = Node("B")
    node_D = Node("D")
    node_E = Node("E")
    node_A.next = node_B
    node_B.next = node_D
    node_D.next = node_E


def delete_node(del_data):
    global node_A
    pre_node = node_A
    next_node = pre_node.next

    if pre_node.data == del_data:
        node_A = next_node
        del pre_node
        return
```

```python
    while next_node:
        if next_node.data == del_data:
            pre_node.next = next_node.next
            del next_node
            break
        pre_node = next_node
        next_node = next_node.next



def insert_node(data):
    global node_A
    new_node = Node(data)
    node_P = node_A
    node_T = node_A
    while node_T.data <= data:
        node_P = node_T
        node_T = node_T.next
    new_node.next = node_T
    node_P.next = new_node



def print_list():
    global node_A
    node = node_A
    while node:
        print(node.data)
        node = node.next
    print

if __name__ == '__main__':
    print("연결 리스트 초기화 후")
    init_list()
    print_list()
    print("노드 C를 추가한 후")
    insert_node("C")
    print_list()
```

위 코드를 실행하면 다음과 같다.

```
C:\ProgramData\Anaconda3\python.exe D:/Mywork/python_algo/linkedlist.py
연결 리스트 초기화 후
A
B
D
E
노드 C를 추가한 후
A
B
C
D
E


Process finished with exit code 0
```

연결 리스트의 삽입에 대한 코드를 주의 깊게 살펴보자.

```python
def insert_node(data):
    global node_A
    new_node = Node(data)
    node_P = node_A
    node_T = node_A
    while node_T.data <= data:
        node_P = node_T
        node_T = node_T.next
    new_node.next = node_T
    node_P.next = new_node
```

노드를 삽입하는 insert_node() 함수는 인수로 data를 받는다. 다음으로 node_A를 global로 선언한다. 이 global인 node_A는 이미 init_list() 함수에서 생성된 연결 리스트의 첫 번째 노드인 node_A 값을 갖고 있다.

그리고 나서 인수로 받은 data를 저장할 new_node를 선언한다. 또한 node_A와 node_A를 선언하는

node_P와 node_T를 선언한다. node_P와 node_T는 연결 리스트를 탐색하면서 새로운 노드를 삽입할 노드의 위치를 보관하기 위해 선언한 변수들이다.

이제 node_T의 data와 인수로 받은 data를 비교하여, 그 결과가 작으면 node_T는 다음 링크의 노드를 가리키도록 한다. 그에 대한 코드가 다음과 같다.

```
node_T = node_T.next
```

바로 이 코드가 연결 리스트의 노드를 탐색하는 코드다.

이제 node_T.data가 인수로 받은 data보다 크게 되면, 해당 위치가 인수로 받은 data를 사용하여 생성한 new_node가 삽입될 위치가 된다.

따라서 해당 위치에 다음 코드와 같이 링크를 연결해준다.

```
new_node.next = node_T
node_P.next = new_node
```

새롭게 삽입할 노드인 new_node의 next는 현재 node_T를 가리키도록 하고, node_T의 이전 노드에 해당하는 node_P의 next에는 새롭게 추가될 new_node를 저장한다.

파이썬 코드이기 때문에 간단하게 보이겠지만, 이러한 연결 리스트를 C나 C++ 코드로 작성해보면 이와 같이 간단하지만은 않다.

3.2.2 삽입 알고리즘의 분석

이제 연결 리스트의 삽입 알고리즘에 대해서 분석해보자.

(1) 시간의 효율성

배열을 사용하던 연결 리스트를 사용하던 데이터나 노드를 삽입하기 위해서는 삽입할 데이터의 위치 검색 과정과 실제 데이터를 삽입하는 과정이 필요한데, 연결 리스트는 배열에 비해 시간의 효율성이 훨씬 높다. 삽입할 데이터의 위치 검색 과정에서는 배열과 그다지 차이가 없지만, 실제 데이터를 삽입하는 과정은 전체 배열의 크기와 연결 리스트의 노드의 수가 많으면 많을수록 현격한 차이를 보여준다.

⑵ 공간의 효율성

배열은 실제 프로그래밍에서 사용할 때 프로그램의 실행 중에 배열의 크기를 변경시키지 못하기 때문에 공간의 효율성이 떨어진다. 하지만 연결 리스트는 언제든지 필요할 때 동적으로 공간(메모리)을 할당하여 사용할 수 있으므로 배열에 비해 공간의 효율성이 뛰어나다고 할 수 있다.

⑶ 코드의 효율성

코드의 효율성은 연결 리스트보다 배열이 조금 더 낫다고 볼 수도 있다. 그 이유는 배열의 경우 for문에서 사용하는 것처럼 배열의 인덱스만으로도 가능하기 때문에 코드를 작성할 때도 간단하고, 코드를 이해하기도 훨씬 수월하다. 그에 비해서 연결 리스트의 코드는 포인터와 구조체로 되어 있기 때문에 처음 접하는 독자들은 이해하기가 쉽지 않다.

3.2.3 연결 리스트의 삭제 알고리즘

연결 리스트의 삽입 알고리즘 후에 봐야 할 알고리즘은 삭제 알고리즘이다. 이미 여러분들이 삽입 알고리즘에 대해 알았기 때문에 삭제 알고리즘은 그다지 어렵지 않다. 삽입 알고리즘의 변형이라고 보면 된다.

먼저 앞의 삽입 알고리즘의 예제에서 삭제 알고리즘 함수 delete_node()를 추가한 코드를 살펴보자.

```python
#!/usr/bin/python
class Node:
    def __init__(self, data, next=None):
        self.data = data
        self.next = next


def init_list():
    global node_A
    node_A = Node("A")
    node_B = Node("B")
    node_D = Node("D")
    node_E = Node("E")
    node_A.next = node_B
    node_B.next = node_D
    node_D.next = node_E


def delete_node(del_data):
```

```python
    global node_A
    pre_node = node_A
    next_node = pre_node.next

    if pre_node.data == del_data:
        node_A = next_node
        del pre_node
        return

    while next_node:
        if next_node.data == del_data:
            pre_node.next = next_node.next
            del next_node
            break
        pre_node = next_node
        next_node = next_node.next


def insert_node(data):
    global node_A
    new_node = Node(data)
    node_P = node_A
    node_T = node_A
    while node_T.data <= data:
        node_P = node_T
        node_T = node_T.next
    new_node.next = node_T
    node_P.next = new_node


def print_list():
    global node_A
    node = node_A
    while node:
        print(node.data)
        node = node.next
    print
```

```
if __name__ == '__main__':
    print("연결 리스트 초기화 후")
    init_list()
    print_list()
    print("노드 C를 추가한 후")
    insert_node("C")
    print_list()
    print("노드 D를 삭제한 후")
    delete_node("D")
    print_list()
```

코드를 설명하기 전에 코드의 실행 결과를 살펴보자.

```
C:\ProgramData\Anaconda3\python.exe D:/Mywork/python_algo/linkedlist.py
연결 리스트 초기화 후
A
B
D
E
노드 C를 추가한 후
A
B
C
D
E
노드 D를 삭제한 후
A
B
C
E

Process finished with exit code 0
```

위의 코드를 보면 노드를 초기화하거나 노드를 삽입하는 부분은 동일하다. 단지 노드를 삭제하는 부분만 새로 추가됐다. 삭제 알고리즘도 삽입 알고리즘과 같이 크게 2개의 부분으로 나눌 수 있다. 먼저 삭제할 노드를 검색하는 부분과 그 노드를 실제로 삭제하는 부분이다.

먼저 삭제할 노드를 검색하는 부분의 코드부터 살펴보자.

```python
def delete_node(del_data):
    global node_A
    pre_node = node_A
    next_node = pre_node.next

    if pre_node.data == del_data:
        node_A = next_node
        del pre_node
        return

    while next_node:
        if next_node.data == del_data:
            pre_node.next = next_node.next
            del next_node
            break
        pre_node = next_node
        next_node = next_node.next
```

삭제할 데이터는 인수로 받은 del_data이다.

먼저 삽입 알고리즘과 동일하게 global로 node_A로 선언한 연결 리스트를 사용한다. 이 연결 리스트를 가리키는 노드로 pre_node를 선언하고, pre_node의 다음 노드에 해당하는 pre_node.next를 next_node로 선언한다.

현재 연결 리스트의 첫 번째 노드인 pre_node.data가 삭제할 del_data와 같다면 삭제할 노드가 가장 첫 번째 노드이므로 node_A에 next_node를 저장하고 현재 노드인 pre_node를 삭제한 후에 delete_node() 함수를 리턴한다.

이에 대한 내용을 다음 그림으로 살펴보자.

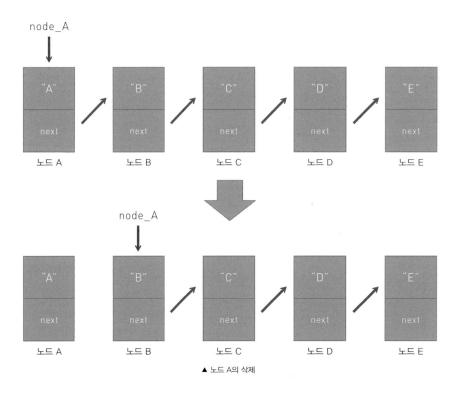

▲ 노드 A의 삭제

위의 그림과 같이 연결 리스트에서 노드 A를 삭제한 후에는 연결 리스트는 B-〉C-〉D-〉E가 된다.

그렇다면 첫 번째 노드가 아닌 두 번째 이상의 노드를 삭제하는 경우는 어떻게 될까?

그 때는 삭제할 노드를 찾아야 한다. 그 부분의 코드를 좀 더 자세히 살펴보자.

```
while next_node:
    if next_node.data == del_data:
        pre_node.next = next_node.next
        del next_node
        break
    pre_node = next_node
    next_node = next_node.next
```

현재의 연결 리스트를 가리키는 next_node가 존재하는 동안 위의 while문은 반복된다. next_node의 data가 인수로 받은 삭제할 데이터인 del_data와 같다면 next_node의 다음 노드를 가리키는 링크를 이전 노드인 pre_node의 next에 저장하고, next_node를 삭제한 후에 리턴한다.

그러나, 현재 노드를 가리키는 next_node.data가 인수로 받은 del_data와 같지 않다면, 이전 노드인 pre_node는 현재 노드인 next_node를 가리키도록 하고, next_node는 다음 노드에 해당하는 next_node.next를 가리키도록 한다.

이 과정을 next_node에 노드가 존재하는 동안 반복한다. 다음의 그림은 노드 "C"를 삭제하는 경우다.

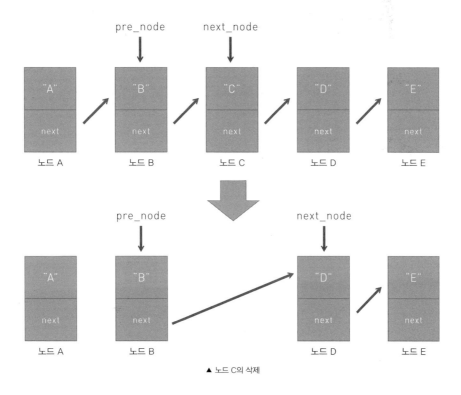

▲ 노드 C의 삭제

C나 C++ 프로그래밍 언어를 사용할 때는 malloc()과 같이 별도의 메모리 할당 함수를 사용하여 노드를 생성하거나 삭제할 때도 별도의 메모리 삭제 함수를 사용해야 하지만, 파이썬에서는 간단하게 del이라는 키워드로 객체를 삭제하면 그만이다. 그만큼 알고리즘을 프로그래밍 하기가 쉽다.

3.2.4 삭제 알고리즘의 분석
연결 리스트의 삭제 알고리즘에 대해서도 분석해보자.

(1) 시간의 효율성
연결 리스트의 삽입 알고리즘과 마찬가지로 삭제 알고리즘도 삭제할 노드를 검색하는 과정과 찾은 노드를 삭제하는 과정이 필요하다. 노드를 삭제하는 경우에 배열은 삽입 알고리즘과 마찬가지로 삭제한 후 삭제한 데이터 이후의 데이터들을 모두 앞으로 한 칸씩 이동해야 하는 반면에 연결 리스트는 링크를 끊어주고 삭제할 노드만을 해제해주면 된다. 따라서 시간적인 효율성은 배열보다 훨씬 좋다고 볼 수 있다.

(2) 공간의 효율성
배열에 비해 연결 리스트는 삽입 알고리즘과 마찬가지로 메모리를 할당하고, 또 삭제한 메모리를 해제하기 때문에 공간적인 효율성이 높다고 볼 수 있다.

(3) 코드의 효율성
코드의 효율성은 연결 리스트보다는 배열이 좀 더 낮다고 볼 수도 있다. 삽입 알고리즘과 마찬가지로 배열의 경우에는 인덱스로 처리하기 때문에 개념적으로 이해하기는 연결 리스트보다 배열이 더 쉬울 수 있다.

3.3   정리

이번 Lesson에서는 본격적인 알고리즘으로 들어가기 전에 프로그래밍에서 가장 많이 사용하는 자료구조인 연결 리스트에 대해서 배웠다. 연결 리스트의 응용 분야는 특정한 분야를 거론할 수 없을 정도로 다양하며 이 후에 배우게 될 알고리즘들에서 자주 사용하는 자료구조이기도 하다.

연결 리스트는 간단하게 링크가 하나만 존재하는 단일 연결 리스트와 링크가 2개 존재하는 이중 연결 리스트가 존재한다. 이 장에서 배운 연결 리스트는 앞으로 배울 다양한 알고리즘의 기본이 되는 개념이므로 꼭 이해해두자.

이중 연결 리스트

앞의 Lesson에서 배운 연결 리스트가 한 방향으로만 이동이 가능한 자료구조라면 이중 연결 리스트는 앞, 뒤 양방향으로 이동이 가능한 자료구조이다. 파이썬을 이용하여 이중 연결리스트를 구현하는 방법에 대해 배운다.

4.1 이중 연결 리스트

지금까지 배운 연결 리스트는 단일 연결 리스트다. 단일 연결 리스트의 변형으로 이중 연결 리스트도 자주 사용되는 개념이다. 이 장에서는 이중 연결 리스트에 대해 좀 더 자세히 알아보자.

4.1.1 이중 연결 리스트의 개념

연결 리스트는 배열과 달리 프로그램의 실행 중에도 동적으로 새로운 노드를 삽입하거나 삭제하기가 간단하며, 물리적인 메모리를 연속적으로 사용하지 않고 링크를 사용하기 때문에 관리하기가 훨씬 쉽다는 장점이 있다.

그러나 지금까지 배운 연결 리스트는 링크가 하나만 존재하는 단일 연결 리스트여서 무조건 한 방향으로만 링크를 따라가야 하기 때문에 다소 불편한 점이 있었다.

이것은 자동차를 위한 고속도로가 상행선과 하행선으로 되어 있지 않고 오직 하행선이나 오직 상행선 하나로만 되어 있는 경우와 비슷하다. 아무리 고속도로가 잘 만들어져 있다고 하더라도 상/하행선 없이 한 쪽 방향으로만 자동차들이 움직이도록 되어 있다면 상당히 불편한 고속도로임에 분명하다.

▲ 일방 통행 도로

연결 리스트도 배열을 사용할 때의 문제점들을 많은 부분 해결하고 있는 구조이지만 단일 연결 리스트는 위의 도로처럼 한 방향으로만 진행되기 때문에 문제가 된다. 그렇다면 이러한 문제를 해결하기 위한 이중 연결 리스트의 구조는 어떻게 생겼을까? 다음의 그림을 보자.

▲ 상하행선으로 구성되어 있는 고속도로

위의 상, 하행선으로 구성된 고속도로처럼 이중 연결 리스트는 양방향으로 구성되어 있다.

그렇다면 이중 연결 리스트와 원형 연결 리스트의 경우에 노드를 선언하는 프로그램의 코드가 어떻게 바뀌는지 살펴보도록 하자. 실제로는 링크가 하나 더 추가되었다는 점을 제외하고는 그다지 바뀐 부분이 없다.

```python
#!/usr/bin/python
class Node:
    def __init__(self, data, next=None, prev=None):
        self.data = data
        self.next = next
        self.prev = prev

def init_list():
    global node_A
    node_A = Node("A")
    node_B = Node("B")
    node_D = Node("D")
    node_E = Node("E")
    node_A.next = node_B
    node_B.next = node_D
    node_B.prev = node_A
    node_D.next = node_E
    node_D.prev = node_B
    node_E.prev = node_D

def print_list():
    global node_A
    node = node_A
    while node:
        print(node.data)
        node = node.next
    print

if __name__ == '__main__':
    print("연결리스트 초기화 후")
    init_list()
    print_list()
```

결국 다른 부분은 단일 연결 리스트와 완전히 동일하고 prev라는 이름의 링크가 하나 더 추가되었다는 점만 차이가 있을 뿐이다.

그렇다면 이제 이중 연결 리스트의 삽입과 삭제 부분에 대한 코드를 살펴보자.

4.1.2 이중 연결 리스트의 삽입 알고리즘

이중 연결 리스트는 링크가 하나 더 추가됐기 때문에 삽입과 삭제 알고리즘도 단일 연결 리스트와는 다르다. 다음 그림은 이중 연결리스트에서 새로운 노드를 추가할 때의 순서이다.

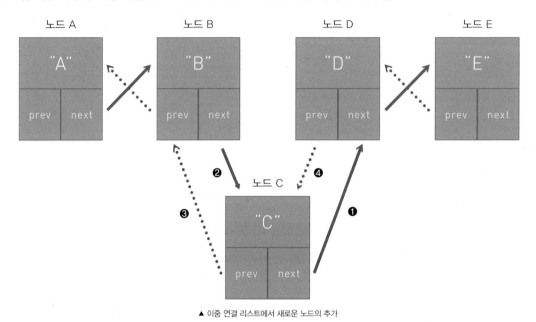

▲ 이중 연결 리스트에서 새로운 노드의 추가

이중 연결 리스트에서 새로운 노드를 추가할 때는 삽입의 순서는 단일 연결 리스트의 삽입과 동일하다. 이중 연결 리스트의 삽입 알고리즘부터 살펴보자.

```python
#!/usr/bin/python
class Node:
    def __init__(self, data, next=None, prev=None):
        self.data = data
        self.next = next
        self.prev = prev

def init_list():
    global node_A
    node_A = Node("A")
    node_B = Node("B")
    node_D = Node("D")
```

```python
        node_D = Node ("E")
        node_A.next = node_B
        node_B.next = node_D
        node_B.prev = node_A
        node_D.next = node_E
        node_D.prev = node_B
        node_E.prev = node_D


def insert_node(data):
    global node_A
    new_node = Node(data)
    node_P = node_A
    node_T = node_A
    while node_T.data <= data:
        node_P = node_T
        node_T = node_T.next
    new_node.next = node_T
    node_P.next = new_node
    new_node.prev = node_P
    node_T.prev = new_node


def print_list():
    global node_A
    node = node_A
    while node:
        print(node.data)
        node = node.next
    print


if __name__ == '__main__':
    print("연결 리스트 초기화 후")
    init_list()
    print_list()

    print("노드 C의 추가 후")
    insert_node("C")
    print_list()
```

앞의 코드를 실행하면 다음과 같다.

```
C:\ProgramData\Anaconda3\python.exe D:/Mywork/python_algo/linkedlist.py
연결 리스트 초기화 후
A
B
D
E
노드 C의 추가 후
A
B
C
D
E

Process finished with exit code 0
```

일단 위의 코드에서 삽입 알고리즘부터 살펴보도록 하자.

삽입 알고리즘은 다음과 같다.

```python
def insert_node(data):
    global node_A
    new_node = Node(data)
    node_P = node_A
    node_T = node_A
    while node_T.data <= data:
        node_P = node_T
        node_T = node_T.next
    new_node.next = node_T
    node_P.next = new_node
    new_node.prev = node_P
    node_T.prev = new_node
```

이전의 단일 연결 리스트의 삽입 알고리즘과 거의 비슷하며 다른 부분은 이전 노드에 대한 링크를 처리하는 부분이다. 삽입될 노드의 위치를 검색하는 부분은 이전의 단일 연결 리스트의 부분과 동일하다. 새로운 노드를 삽입할 위치를 검색한 후에 삽입할 위치가 정해지면, node_P는 노드 B를 가리키고 있고, node_T는 노드 D를 가리키고 있게 된다. 이 프로그램에서 새로 삽입하려고 하는 노드 C는 노드 B보다 뒤에 와야 하는 노드이다. 따라서, 새로운 노드인 노드 C를 삽입한 후에 노드 C의 이전 노드인 node_P와 노드 C의 이후 노드인 노드 D의 next와 prev 링크를 처리해주면 된다.

4.1.3 이중 연결 리스트의 삭제 알고리즘

이제 삭제 알고리즘에 대해 살펴보자. 이중 연결 리스트라 하더라도 기본적인 알고리즘은 단일 연결리스트의 경우와 다르지 않으며 단순히 prev 링크에 대해서만 몇 가지 고려만 해주면 된다.

삽입 알고리즘과 마찬가지로 삭제 알고리즘도 단일 연결 리스트 알고리즘의 경우와 비슷하다.

```python
#!/usr/bin/python
class Node:
    def __init__(self, data, next=None, prev=None):
        self.data = data
        self.next = next
        self.prev = prev

def init_list():
    global node_A
    node_A = Node("A")
    node_B = Node("B")
    node_D = Node("D")
    node_E = Node("E")
    node_A.next = node_B
    node_B.next = node_D
    node_B.prev = node_A
    node_D.next = node_E
    node_D.prev = node_B
    node_E.prev = node_D

def insert_node(data):
    global node_A
    new_node = Node(data)
    node_P = node_A
```

```python
        node_T = node_A
        while node_T.data <= data:
            node_P = node_T
            node_T = node_T.next
        new_node.next = node_T
        node_P.next = new_node
        new_node.prev = node_P
        node_T.prev = new_node


def delete_node(del_data):
    global node_A
    pre_node = node_A
    next_node = pre_node.next
    next_next_node = next_node.next

    if pre_node.data == del_data:
        nodeA = next_node
        del pre_node
        return

    while next_node:
        if next_node.data == del_data:
            next_next_node = next_node.next
            pre_node.next = next_node.next
            next_next_node.prev = next_node.prev
            del next_node
            break

else:
    pre_node = next_node
    next_node = next_node.next
    #print(next_node.data)

if __name__ == '__main__':
    print("연결 리스트 초기화 후")
    init_list()
    print_list()
```

```
        print ("노드 C의 추가 후")
        insert_node ("C")
        print_list ()

        print ("노드 D의 삭제 후")
        delete_node ("D")
        print_list ()
```

삽입 알고리즘과 마찬가지로 삭제할 노드를 탐색하는 부분이 필요하다. 탐색이 완료되면 삭제할 노드는 next_node가 가리키게 된다. 중요한 부분은 삽입 알고리즘과 마찬가지로 next와 prev 링크에 대한 처리 부분이다. 위 코드를 실행하면 다음과 같다.

```
C:\ProgramData\Anaconda3\python.exe D:/Mywork/python_algo/linkedlist.py
연결 리스트 초기화 후
A
B
D
E
노드 C의 추가 후
A
B
C
D
E
노드 D의 삭제 후
A
B
C
E

Process finished with exit code 0
```

이것으로 연결 리스트에 대한 개념과 삽입/삭제 알고리즘에 대한 모든 내용을 배웠다. 사실 원형 연결 리스트는 단일 연결 리스트와 이중 연결 리스트의 개념과 기능을 모두 이해했다면 별로 공부할 내용도 없다. 원형 연결 리스트는 마지막 노드가 처음 노드를 가리킨다는 것만 다를 뿐이다.

4.2 정리

연결 리스트는 간단하게 링크가 하나만 존재하는 단일 연결 리스트와 링크가 2개 존재하는 이중 연결 리스트가 존재한다. 이중 연결 리스트의 장점은 한 방향으로만 탐색이 가능한 단일 연결 리스트에 비해 언제, 어디에서도 양쪽 방향으로 탐색이 가능하여 전체적인 탐색 시간을 줄일 수 있다는 장점이 있다. 그에 비해 새로운 노드의 삽입과 삭제를 할 때 코드가 복잡해진다는 단점이 존재한다.

스택(Stack)과 큐(Queue)

실제 프로그래밍에서 가장 많이 사용하는 자료구조와 알고리즘 중 하나인 스택과 큐의 개념에 대해 배워보고, 스택과 큐를 파이썬으로 구현하는 방법에 대해 배운다.

5.1 스택(Stack)의 개념

스택과 큐는 컴퓨터에서 프로그램을 만들기 시작할 때부터 사용된 가장 고전적인 알고리즘 중의 하나이다. 그 중에서 스택은 여러분들이 사용해 온 거의 모든 응용 프로그램에서 사용되고 있는 가장 기본적인 알고리즘이다. 핸드폰에서부터 2016년에 이세돌을 꺾은 알파고에 이르기까지 거의 대부분의 소프트웨어에서 사용된다.

스택의 기본 개념을 프로그래밍적인 시각에서 보면 "입력과 출력을 한 방향으로 제한한 알고리즘"이라고 볼 수 있다. 이미 여러분들이 알고 있는 배열은 배열의 인덱스를 사용하여 배열의 어느 곳이든 액세스가 가능하다. 또한 앞에서 배운 연결 리스트의 경우는 링크를 통해서 노드를 검색하고 또 새로운 노드를 연결 리스트의 중간에 삽입하거나 기존의 노드를 삭제하는 것도 가능했다. 하지만 이러한 방법에 많은 장점이 있는 반면에 그만큼의 단점도 존재한다.

일단 넣고 빼는 작업 자체가 좀 복잡하다. 연결 리스트를 잘 생각해보면 새로운 노드를 삽입하기 위해서는 기존의 연결 리스트에서 새로운 노드가 삽입될 위치를 검색해야 하고, 또 삽입 과정도 링크를 연결시켜야 하므로 그다지 간단하지만은 않았다.

이에 비해서 스택(Stack)의 자료구조는 간단하다. 스택이란 바닥부터 데이터를 차곡차곡 쌓는 개념이다. 회전 초밥집에서 다 먹은 그릇을 쌓아 놓는 것처럼 데이터를 쌓아 놓는다는 의미로 스택이라는 용어를 사용한다.

▲ 스택의 형태로 쌓여 있는 그릇

위의 그림을 보면, 첫 번째 그릇을 닦아서 찬장에 놓아 두고, 두 번째로 닦은 그릇은 첫 번째 그릇 위에 올려놓는다. 그렇게 하다보면, 100번째로 닦은 그릇이 가장 위에 올려져 있게 된다. 이와 같은 과정이 다음 그림에서 설명하듯이 ❶ 푸쉬(Push)에 해당하는 동작이다.

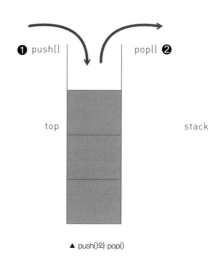

▲ push()와 pop()

만약 찬장에서 그릇을 하나 빼서 사용할 때는 어떻게 할까? 당연히 가장 위에 놓여 있는 그릇부터 사용하게 된다. 이 과정이 위의 그림에서 ❷ 팝(Pop)에 해당한다.

따라서 스택에서는 딱 2가지만 기억해두면 된다.

❶ 푸쉬(Push) : 그릇을 닦아서 찬장에 쌓아 놓는다.
❷ 팝 (Pop) : 그릇을 사용하기 위해 찬장에서 가장 위에 있는 그릇을 꺼내 온다.

이와 같은 방식을 LIFO(Last In First Out)이라고 한다. 마지막으로 들어간 것이 제일 처음 나온다는 의미로 다시 말하면 가장 나중에 넣은 그릇을 가장 먼저 빼서 사용한다는 의미가 된다.

그렇다면 이러한 스택을 프로그래밍으로 구현하면 어떻게 표현될 수 있을까? 의외로 스택의 구현은 상당히 간단하다.

5.2 스택(Stack)의 구현

앞에서 설명한 스택의 개념은 그릇을 쌓아 놓는 알고리즘이라고 기억해두면 절대 잊어버릴 일이 없다. 이제 이 알고리즘을 프로그래밍으로 어떻게 구현하는지 알아보자.

스택을 구현하기 위해서는 그릇을 쌓아 놓는 찬장이 필요하다. 이 말을 프로그래밍의 시작으로 고쳐서 말하면 그릇에 해당하는 데이터를 저장해 놓을 메모리 공간이 필요하다는 말이 된다. 이 메모리 공간은 배열이나 연결 리스트 둘 중에 어떤 것으로 사용해도 사실 상관없다. 하지만 파이썬에서는 리스트를 사용하면 그 어떤 프로그래밍 언어보다 쉽게 스택을 구현할 수 있다.

이미 파이썬에서는 스택의 개념을 별다른 프로그래밍 없이 사용할 수 있도록 제공한다.

```python
#!/usr/bin/python

def push(item):
    stack.append(item)

def pop():
    return stack.pop()

if __name__ == '__main__':
    stack = []
    push(1)
    push(2)
    push(3)
    push(4)
```

```
        print ("현재 stack의 모습")
        print (stack)

        while stack:
            print ("POP > {}".format (pop ()))
```

위의 코드는 stack이라는 이름의 리스트를 선언하고, 파이썬의 리스트의 멤버 함수인 append()를 이용하여 스택의 push() 함수의 기능을 구현하고 있다. 또한 스택의 pop() 기능은 동일한 이름의 pop() 멤버 함수를 사용하여 구현한다.

위의 코드를 실행하면 다음과 같은 결과를 볼 수 있다.

```
C:\ProgramData\Anaconda3\python.exe D:/Mywork/python_algo/linkedlist.py
[1, 2, 3, 4]
POP > 4
POP > 3
POP > 2
POP > 1

Process finished with exit code 0
```

그렇다면 연결 리스트를 사용한 스택 알고리즘의 효율성은 어떨까?

(1) 시간의 효율성

스택 알고리즘은 이 책에서 다루는 것처럼 연결 리스트를 사용하기도 하지만 배열을 사용하여 구현하기도 한다. 그 이유는 스택의 개념 자체가 검색하는 과정이 필요 없이 가장 선두에 있는 데이터를 Pop하고, 데이터를 삽입할 때도 가장 선두에 집어넣기 때문이다. 따라서, 연결 리스트를 사용한다고 하더라도 시간적인 효율성 면에서는 배열보다 나은 점은 없다고 볼 수 있다.

(2) 공간의 효율성

공간의 효율성 측면에서는 배열로 구현한 스택이 배열의 전체 크기에 국한된다는 점 때문에 연결 리스트를 사용한 스택이 더 효율적이라고 말할 수는 있다. 그러나, 대부분의 스택을 사용하는 경우에는 스택의 크기를 정해놓고서 사용하는 것이 일반적이기 때문에 스택을 배열로 구현했다고 해서 공간의 효율성이 많이 저하된다고 보기는 어렵다.

(3) 코드의 효율성

코드의 효율성은 연결 리스트에 대한 코드를 이해할 수 있다면 이것을 이용해서 만든 스택의 코드는 쉽게 이해할 수 있다. 결국 연결 리스트를 이용한 스택이라고 하더라도 연결 리스트의 링크를 연결하거나 새로운 노드를 생성하는 정도의 코드이기 때문이다.

5.3 　　스택(Stack)의 응용 : 계산기

스택을 응용하는 프로그램들은 대단히 많지만 그 중에서 쉽게 구현할 수 있고 또 스택의 기능을 적나라하게 알아볼 수 있는 프로그램은 계산기 프로그램이다. 이 장에서는 스택의 기능을 확인하고 어떻게 동작하는지 이해하는 계산기 프로그램에 대해서 알아보자.

5.3.1 계산기의 프로그램의 개념

여러분들이 이제부터 작성하게 될 프로그램이 계산기 프로그램이라고 해서 많은 독자들이 시시하다고 생각할지는 모르겠다. 그러나 계산기 프로그램은 여러분들의 생각처럼 그렇게 쉬운 프로그램이 아니다. 스택을 사용하면 그나마 좀 쉬워지지만 스택을 사용하지 않고 계산기 프로그램을 만드는 것은 보통 어려운 일이 아니다.

예를 들어 "1 + 2"와 같은 계산식은 어떤가? 정말 간단하다. 사용자가 1과 2(이것들을 operand라고 한다)를 입력하고 여러분들은 중간에 있는 연산자(operator)만 고려해서 계산하면 된다.

```
if operator == '+':
        ret = operand_1 + operand_2
elif operator == '-':
        ret = operand_1 - operand_2
elif operator == '*':
        ret = operand_1 * operand_2
elif operator == '/':
        ret = operand_1 // operand_2
```

이런 코드가 머릿속에 떠오른 독자라면 이미 초급은 벗어난 독자이다.

앞의 계산식이 아니라 좀 더 복잡한 계산을 해보자. 만약 "2 * 3 + 1"과 같은 계산식이라면 어떻게 하면 될까? 이것도 위의 코드와 마찬가지로 앞에서부터 "2 * 3"을 먼저 계산하고 그 값을 변수에 저장해두었다가 다시 마지막 " + 1"을 하면 된다.

먼저 ❶과 같이 피연산자 2와 3을 ❷와 같이 연산자 '*'와 먼저 연산을 해서 그 결과인 6을 ❸과 같이 나머지 연산자 1과 연산하여 ❹처럼 최종값 7을 구하게 된다. 이와 같은 과정은 사람의 머릿속에서 자연스럽게 되듯이 컴퓨터에서도 위와 같은 순서로 된다.

그런데 연산이 위와 같은 식이 아니라 "1 + 2 * 3"과 같다면 어떻게 될까? 그 순서는 다음 그림과 같이 좀 달라진다.

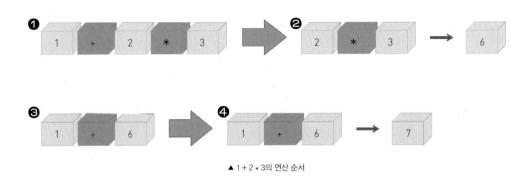

▲ 1 + 2 * 3의 연산 순서

위의 그림을 보면 이전 그림과 순서가 달라졌다는 것을 한눈에 알 수 있다. 사실 이 2개의 연산의 순서가 달라진 이유는 바로 사칙 연산자(+ , − , * , /)가 다 같은 연산자가 아니라는 사실이다.

4개의 연산자 중에서 *와 / 연산자가 우선순위가 높기 때문에 설명하고 있는 계산식에서 +보다 먼저 연산을 해주어야 한다. 바로 이 점이 우리가 스택을 사용해야 하는 이유이다.

"1 + 2 * 3"과 같이 간단한 연산은 굳이 스택을 사용할 필요는 없겠지만 만약 "2 * 3 / 2 + 1 * 3 / 2 + 4 − 2 * 3 + 8 / 9 − 3 / 3"와 같이 사칙 연산이 무수히 많은 연산식이라면 아무리 머리 좋은 사람일지라도 한 번에 풀 수가 없다. 이와 같은 식을 스택으로 만들면 순식간에 계산할 수 있다.

(1) 계산기에 스택의 적용

이제 앞의 연산식을 스택에 적용해보자. 먼저 "2 * 3 + 1"의 연산식부터 스택을 적용하면 어떻게 되는지 다음 그림을 살펴보자.

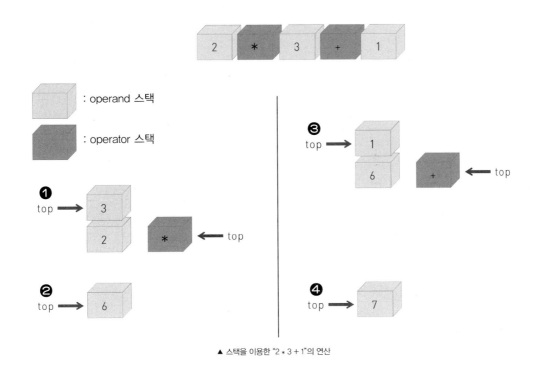

▲ 스택을 이용한 "2 * 3 + 1"의 연산

위의 그림을 보면 2개의 스택을 사용하고 있다. 하나는 피연산자(operand)를 위한 스택이고 다른 하나는 연산자(operator)를 위한 스택이다. 먼저 피연산자인 2와 3을 스택에 푸쉬(push)한다. 그런데 계산식에서 먼저 나온 피연산자가 2이고 그 다음이 3이기 때문에 ❶과 같이 2가 먼저 들어가고 그 다음에 3이 들어가게 된다. 마찬가지로 연산자도 무조건 스택에 푸쉬한다.

결국 계산식의 처음부터 훑어나가면서 피연산자는 피연산자 스택에 연산자는 연산자 스택에 푸쉬하게 된다. 일단 피연산자 2개, 연산자 1개가 있으면 계산을 할 수 있으므로 그림 ❷와 같이 피연산자 스택에서 2개를 팝(Pop)하고 연산자 스택에서도 1개의 연산자를 팝해서 계산한다. 그리고 나서 다시 그 계산된 결과를 피연산자 스택에 저장한다.

연산자 스택이 비워있으므로 다시 연산식을 훑어가면서 피연산자 1을 피연산자 스택에 넣고 연산자 +를 연산자 스택에 푸쉬한다. 마찬가지로 피연산자 2개와 연산자 1개가 존재하므로 스택에서 꺼내어 계산하면 최종 결과값이 피연산자 스택에 저장된다.

이 방법이 가장 간단하게 스택을 사용한 계산기의 방법이지만 문제가 있다. 이전 문제와 같이 "1 + 2 * 3"과 같은 경우에는 앞의 스택 방법으로는 올바른 계산이 안된다는 문제가 있다.

그래서 다음과 같은 방법을 사용한다.

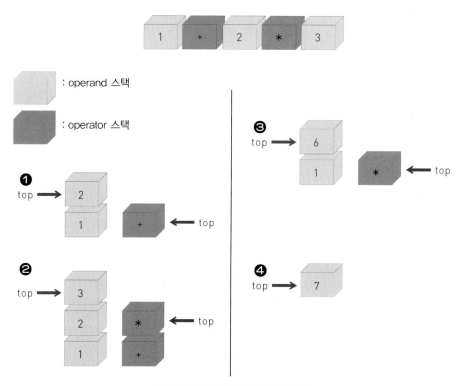

▲ 좀 더 개선된 스택을 사용한 "1 + 2 * 3"의 계산식

위의 그림을 보면 먼저 계산식의 처음부터 끝까지 피연산자는 피연산자 스택에 연산자 스택은 연산자 스택에 쌓게 된다.

그렇다고 무조건 쌓는 것은 아니다. ❷의 경우에 새로운 연산자 *를 연산자 스택에 푸쉬하기 전에 이전에 연산자 스택에 저장되어 있는 +연산자를 팝해서 서로 비교를 한다. 이미 저장되어 있는 연산자인 +보다 새로 저장할 연산자인 *가 우선순위가 더 높기 때문에 그냥 순서대로 연산자 스택에 푸쉬한다. 연산식을 모두 훑었으면 그림 ❸처럼 스택에서 피연산자 2개, 연산자 1개를 뽑아서 계산하고 다시 스택에 저장한다. 이 작업을 연산자 스택이 전부 빌 때까지 하게 되면 결과 값이 피연산자 스택에 남게 된다.

그렇다면 위의 그림 ❷에서 현재 저장할 연산자가 이미 연산자 스택에 저장되어 있는 연산자보다 우선순위가 더 높다면 어떻게 될까?

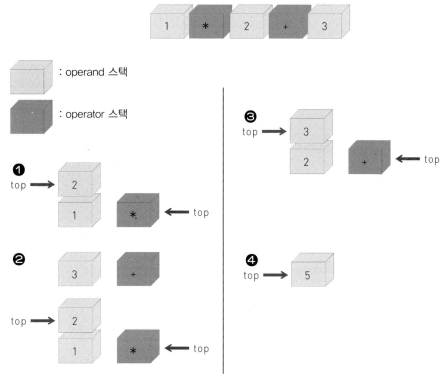

▲ 이전 연산자가 현재 연산자보다 우선순위가 더 높은 경우

이전 연산자가 현재 연산자 보다 우선순위가 더 높은 경우는 위의 그림에서 ❷의 경우처럼 현재의 피연산자 스택에 저장되어 있는 피연산자 2개와 연산자 스택에 저장되어 있는 연산자 하나를 꺼내서 계산을 하고 그 결과인 2를 피연산자 스택에 푸쉬한 후에 새로운 피연산자 3과 연산자 +를 스택에 각각 푸쉬한다.

마찬가지로 연산식의 끝까지 훑었으면 피연산자 스택과 연산자 스택에 있는 피연산자와 연산자를 꺼내어 계산하고 그 결과를 피연산자 스택에 저장한다.

이것으로 스택을 사용한 계산기 프로그램의 전체 동작을 알아보았다. 스택을 사용하니까 연산자 우선순위까지 고려해서 쉽게 계산이 된다.

(1) 시간의 효율성

계산기 프로그램의 성능을 O 표기법으로 계산해보면 O(N)이 된다. 그 이유는 앞의 계산기 프로그램의 코드에서 반복문이 사용되는 경우는 while문 하나밖에 없기 때문이다.

$$while(i \langle len) :$$

따라서 앞의 계산기 프로그램은 계산하게 될 데이터의 수와 비례하여 프로그램 성능이 결정된다.

(2) 공간의 효율성

괄호 연산이 가능한 계산기 프로그램의 성능을 O 표기법으로 계산해보면 $O(N^2)$이 된다. 그 이유는 계산기 프로그램의 경우는 프로그램의 성능에 영향을 주는 반복문을 입력된 연산식의 길이에 해당하는 while 문만을 사용하지만, 괄호 연산이 있는 경우는 do-while문을 추가로 사용하기 때문이다.

따라서 이 식을 O 표기법으로 계산하면 다음과 같은 공식을 유추할 수 있다.

$$f() = O(5N^2) \approx O(N^2)$$

이것으로 이 장에서의 스택에 대한 부분을 전부 끝냈다. 특히 마지막에 다룬 계산기 프로그램은 컴퓨터를 전공하는 사람은 물론이고(참고로 시험에 단골로 출제된다), 전공이 아니더라도 프로그래밍을 공부하는 사람들은 반드시 이해해야만 하는 프로그램이다.

5.4   큐(Queue) 알고리즘

앞에서 배운 스택 알고리즘과 함께 기본 중의 기본 알고리즘으로 많이 사용되는 것이 지금 배우게 될 큐(Queue) 알고리즘이다. 구조나 사용 방법 등이 스택과 흡사하기 때문에 혼동하는 사람들도 꽤 많다. 여러분들은 스택 알고리즘도 필수적인 알고리즘이므로 큐에 대해서도 기억해두는 것이 좋다.

5.4.1 큐(Queue)의 개념

스택과 마찬가지로 큐도 많은 프로그램에서 자주 사용되는 알고리즘이다. 특히 큐를 사용하는 대표적인 프로그램은 윈도우나 리눅스와 같은 운영체제이다. 어째서 이 거대한 응용프로그램에서 큐를 사용하고 있는지 이번 Lesson에서 자세히 알아보도록 하자.

큐(Queue)는 구현하는 코드나 사용 방식이 앞에서 배운 스택과 상당히 비슷하다. 그러나 스택이 LIFO(Last In First Out) 방식이라면 큐는 FIFO(First In First Out)방식을 사용한다. FIFO 방식은 처음으로 저장한 데이터를 처음 사용하는 방식이다. 배열과는 사뭇 다르다. 큐의 개념은 극장 매표소 앞에서 줄을 서는 것과 비슷하다. 극장 매표소 앞에 줄을 선다는 것은 앞 사람이 나보다 먼저 극장에 도착했다는 의미가 된다. 또한, 나보다 늦게 도착한 사람은 내 뒤에 서야한다는 뜻이기도 하다. 당연히 먼저 도착한 사람이 먼저 극장표를 살 수 있다.

다음 그림을 살펴보자.

▲ 매표소와 큐의 모습

위의 그림과 같이 오는 순서대로 줄을 서는 형상이 큐와 비슷하다. 스택과 마찬가지로 큐에서도 동작은 딱 2개만 존재한다. 표를 사기 위해 줄을 서는 경우이며 Put이라고 말하며, 순서대로 매표소에서 표를 구입하는 동작이 Get이 된다.

따라서 매표소 알고리즘인 큐에서도 딱 2가지만 기억하고 있으면 된다.

❶ put : 매표소 앞에서 줄을 선다.
❷ get : 줄을 선 순서대로 앞에서부터 표를 산다.

앞에서 배운 스택과 비슷하다. 스택을 이해한 독자들이라면 큐는 쉽게 이해했을 것이다. 그렇다면 큐를 파이썬으로 어떻게 구현하는지 살펴보도록 하자.

5.4.2 배열을 사용한 큐(Queue)의 구현

위에서 설명한 큐의 개념은 매표소 알고리즘이라고 기억해두면 절대 잊어버릴 일은 없다. 이번에는 매표소 알고리즘인 큐 알고리즘을 실제 파이썬으로 어떻게 구현하는지 알아보도록 하자.

먼저 큐에 대한 자료구조가 필요하다. 큐 역시 배열이든 연결리스트든 어떤 것으로 만들어도 상관없지만, 스택과는 달리 큐는 배열을 사용하는 것이 좀 더 편리하다.

따라서 스택과는 달리 다음의 코드처럼 배열로 1줄만 작성하면 큐를 위한 자료구조는 준비된다.

queue = []

큐 역시 스택과 마찬가지로 데이터를 저장하는 함수와 데이터를 꺼내오는 함수가 있다.
데이터를 저장하는 함수는 put()이고, 데이터를 꺼내오는 함수는 get()이다.

이미 설명했듯이, 매표소 앞에 줄을 서는 개념이 put이며 , 줄을 선 순서대로 표를 구입하는 것이 get이다. 그렇다면 바로 매표소 알고리즘의 전체 코드를 살펴보자.

다음은 큐 알고리즘의 전체 코드이다.

```python
#!/usr/bin/python

def put(item):
    queue.append(item)


def get():
    return queue.pop()

if __name__ == '__main__':
    queue = []  # queue create
    put(1)
    put(2)
    put(3)
    put(4)

    print("현재 queue의 모습")
    print(queue)

    while queue:
        print("POP > {}".format(get()))
```

앞의 코드는 stack이라는 이름의 리스트를 선언하고, 파이썬의 리스트의 멤버 함수인 append()를 이용하여 스택의 push() 함수의 기능을 구현하고 있다. 또한 스택의 pop() 기능은 동일한 이름의 pop() 멤버 함수를 사용하여 구현한다.

위의 코드를 실행하면 다음과 같은 결과를 볼 수 있다.

```
현재 queue의 모습
[1, 2, 3, 4]
POP > 4
POP > 3
POP > 2
POP > 1

Process finished with exit code 0
```

5.4.3 배열을 사용한 큐 알고리즘 분석

자료구조와 C나 자바와 같은 프로그래밍 언어에 익숙한 독자들이라면 앞의 큐 알고리즘의 전체 코드가 쉽게 이해됐을 것이다. 하지만 아직 큐에 대해서 확신을 가지지 못한 독자들을 위해 큐의 코드에 대해 좀 더 깊이 살펴보도록 하자.

(1) 시간의 효율성

큐 알고리즘은 배열로 구성되어 있지만 시간적인 효율성 측면에서는 배열로 하든 연결 리스트로 하든 상관없다. 그 이유는 스택과 큐 모두 검색과정이 필요 없기 때문이다. 따라서 시간적인 효율성은 양호하다고 볼 수 있다.

(2) 공간의 효율성

공간의 효율성 측면에서는 배열로 구현한 큐 알고리즘의 경우 미리 정해놓은 배열의 크기만큼으로 한정적이긴 하지만 큐의 경우는 원형 큐(Circular Queue)형태로 사용한다. 원형 큐라는 것은 뱀이 꼬리를 물고 있는 모양처럼 큐가 원형으로 되어 있다. 따라서 배열의 전체 크기와는 상관없이 빙빙 돌면서 사용이 가능하다.

(3) 코드의 효율성

코드의 효율성은 큐 알고리즘의 경우 배열을 사용했고, 큐의 입력 위치나 출력 위치 모두 배열의 인덱스 형태로 사용하기 때문에 코드가 매우 간단하다는 장점이 있다. 또한, 원형 큐로 하는 경우에도 인덱스의 연산만으로 쉽게 구현이 가능하다.

이번 Lesson에서는 스택(Stack)과 큐(Queue) 알고리즘에 대해서 배웠다. 스택은 기본 중의 기본적인 알고리즘이며 이미 많은 프로그램에서 사용하고 있는 알고리즘이다. 기본 구조나 구현은 간단하지만 그렇다고 무시할 정도로 호락호락한 알고리즘은 절대 아니다. 스택의 개념에 대해 확실하게 이해하고 있어야 다른 알고리즘을 이해하는데 큰 무리가 없다.

또한, 스택과 함께 양대 기본 알고리즘으로 꼽히는 매표소 알고리즘 즉, 큐 알고리즘에 대해 공부했다. 큐는 기본 구조나 사용방법이 스택과 비슷하지만 매표소 앞에 길게 줄을 서서 극장표를 구입하는 사람들처럼 먼저 도착한 데이터가 먼저 처리된다. 따라서 운영체제의 스케줄러 등에서 유용하게 사용되는 알고리즘이기도 하다. 간단한 알고리즘들이기 때문에 흔히 쉽게 넘어가 버리기 쉬운데 이번 Lesson에서 배운 연결 리스트를 이용한 큐 알고리즘 등은 꼭 기억해두는 것이 좋다.

트리(Tree)

이번 Lesson에서는 앞에서 배운 기본적인 알고리즘의 개념들을 이용하여 트리(Tree)라는 구조에 대해 알아보도록 하자. 트리는 프로그래밍 언어와 상관없이 가장 많이 사용되는 자료구조이다. 또한, 트리 구조에서 사용되는 여러 가지 알고리즘은 다른 알고리즘의 기본이 되는 알고리즘이기 때문에 이번 Lesson을 주의 깊게 살펴봐야 한다.

6.1 트리(Tree)의 개념과 용어

트리는 노드와 링크를 이용한 자료구조이지만, 연결 리스트와는 사뭇 다르다. 또한, 트리에서 사용되는 여러 가지 특이한 용어들이 있다. 트리 구조의 개념과 특성 그리고 트리 구조에서 자주 사용되는 용어들에 대해 알아보도록 하자.

6.1.1 트리 구조

트리 구조는 우리 주변의 일상 생활에서 쉽게 볼 수 있는 구조이다. 한 가족의 계보를 나타내는 족보나 회사의 조직도 등을 보면 트리 구조 형태로 되어 있다. 족보의 경우 가장 선조가 되는 분부터 시작해서 줄줄이 이어지는 후손으로 형태가 되어 있다. 이 족보를 도형으로 표현하면 트리 구조가 된다.

마찬가지로 회사의 조직도 역시 사장부터 시작해서 사장 밑에 여러 명의 이사, 그 이사들 밑에 각 부서의 부서장 그리고 부서장 밑에 과장 그리고 대리 이렇게 내려오면 결국 사원까지 오게 된다.

이와 같은 일상 생활의 개념적인 트리 구조를 컴퓨터에서 사용하게 된 것이다.

따라서 필자는 트리 구조를 설명할 때 "족보 알고리즘"이란 표현을 사용한다. 여러분들도 트리에 대해 잘 생각나지 않을 때는 족보 알고리즘이라고 기억해두면 도움이 될 것이다.

다음의 그림은 전형적인 트리의 구조이다.

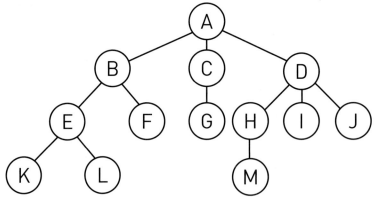

▲ 일반적인 트리 구조

위의 그림을 보면 노드 A부터 노드 M까지의 노드들이 링크로 연결되어 있지만 단순하게 2개의 노드끼리 연결하는 연결 리스트와는 다르다.

일단 트리 구조는 노드와 그 노드들을 연결하는 링크로 구성되어 있다. 가장 상위에 있는 노드를 루트 (root)라고 한다. 위의 그림에서는 노드 A가 루트 노드(root Node)가 된다. 또한 자신의 노드보다 상위에 있는 노드를 부모 노드(Parent Node)라고 하며, 자신의 노드 보다 아래에 있는 노드를 자식 노드(Child Node)라고 한다. 노드 D의 경우에는 노드 A가 부모 노드가 되며 노드 H와 노드 I는 자식 노드가 된다.

트리 구조에서 최상위 노드를 루트 노드라고 하듯이, 최하위 노드를 리프 노드(Leaf Node)라고 한다. 위의 그림에서 노드 A는 루트 노드이며 노드 K, L, E, G, M, I, J는 리프 노드가 된다.

다음 그림을 살펴보자.

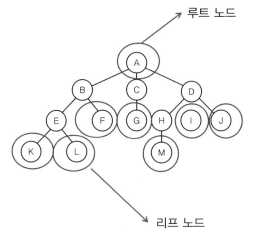

▲ 루트 노드와 리프 노드

또한 같은 부모 노드를 갖는 노드들의 사이를 형제 노드(Sibling Node)라고 한다. 다음 그림에서 형제 노드는 다음과 같다.

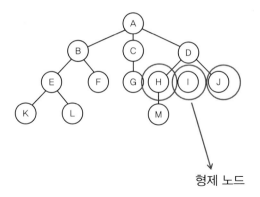

형제 노드

▲ 형제 노드

트리 구조는 레벨(Level)과 높이(Height)가 존재한다. 레벨은 루트 노드부터 해당 노드까지 경로를 찾아오는데 방문한 총 노드의 수가 된다. 위의 그림에서 노드 G의 레벨은 2, 노드 M의 레벨은 3이 된다. 트리의 높이는 트리 구조 내에서 가장 큰 레벨을 그 트리 구조의 높이라고 말한다. 다음의 그림과 같은 경우에 트리의 높이는 3이 된다.

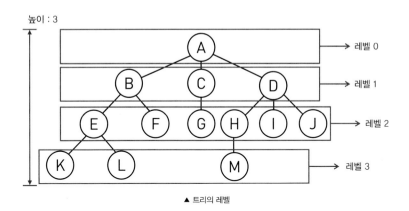

▲ 트리의 레벨

트리 구조에는 위의 그림에서 보면 알 수 있듯이 자식 노드는 몇 개라도 상관없지만, 부모 노드는 반드시 하나만 존재해야 한다. 부모 노드가 2개 이상 존재하면 그 구조는 트리 구조가 될 수 없다.

트리를 재귀적인 표현으로 정의하면 다음과 같은 성질을 갖는다.

[1] 트리에는 루트 노드(Root Node)가 반드시 존재한다.

(2) 루트 노드를 제외한 나머지 노드들은 여러 개의 노드들의 그룹으로 나뉠 수 있으며 그 노드 그룹 역시 하나의 트리가 된다.

이미 트리에 대한 내용과 용어들에 대해서는 위에서 간단하게 언급했지만 트리에 대한 구체적인 알고리즘을 살펴보기 전에 좀 더 확실하게 정의해보자.

6.1.2 트리의 용어

트리에서 사용하는 용어를 정리하면 다음과 같다.

(1) 차수

한 노드에 연결된 서브 트리의 개수를 차수라고 한다. 위의 그림에서 노드 A의 차수는 노드 A에 연결된 서브 트리가 모두 3개이므로 3이 되며 노드 D의 차수는 노드 D에 연결된 노드가 3개이므로 3이 된다.

이 중에서 차수가 2개 이하의 트리 구조를 특별히 이진 트리(Binary Tree)라고 하며 일반적으로 많이 사용하는 트리 구조이다.

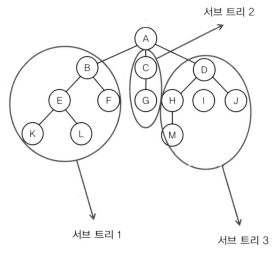

▲ 서브 트리

트리의 가장 끝에 있는 노드를 단말 노드, 터미널 노드 혹은 리프 노드라고 한다. 위의 그림에서 리프 노드는 노드 K, L, F, G, M, I, J가 된다.

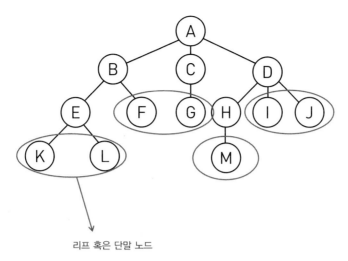

리프 혹은 단말 노드

▲ 단말 혹은 리프 노드

현재의 노드에 연결되어 있는 바로 상위 노드를 부모 노드라고 한다. 트리 구조에서는 루트 노드를 제외하고는 모든 노드가 하나의 부모 노드를 가져야 한다. 그림에서 노드 G의 부모 노드는 노드 C가 된다.

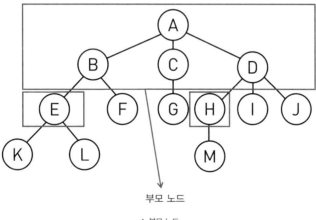

부모 노드

▲ 부모 노드

부모 노드의 반대의 개념은 자식 노드이다. 이진 트리의 경우는 반드시 자식 노드의 수는 2개 이하가 되어야 한다. 위의 그림에서 노드 D의 자식 노드는 노드 H, 노드 I, 그리고 노드 J가 된다.

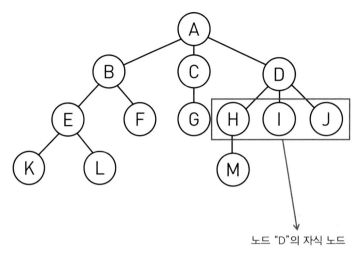

노드 "D"의 자식 노드

▲ 자식 노드

같은 부모 노드를 갖는 노드를 형제 노드라고 한다. 위의 그림에서 노드 H의 형제 노드는 노드 I와 노드 J가 된다.

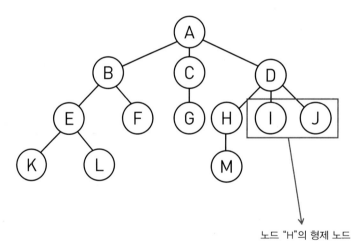

노드 "H"의 형제 노드

▲ 형제 노드

루트 노드를 레벨 0으로 하여 한 단계씩 내려올 때마다 레벨이 1씩 증가된다. 위의 그림에서 노드 A는 루트 노드이므로 레벨 0이 되며 노드 M의 경우는 레벨 3이 된다.

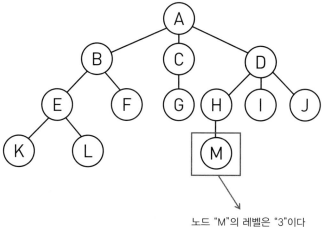

노드 "M"의 레벨은 "3"이다

▲ 노드의 레벨

트리의 최대 레벨 수를 트리의 높이(Height)라고 하며 특정 노드까지의 경로의 길이를 깊이(Depth)라고 한다. 다음의 그림에서 트리의 높이는 3이 된다.

이 트리의 높이는 3이다

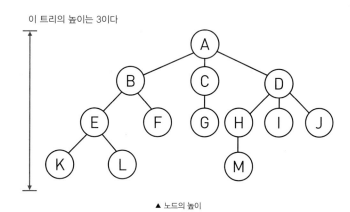

▲ 노드의 높이

6.2 이진 트리(Binary Tree)

이제 우리가 본격적으로 다루게 될 트리는 여러 가지 트리 중에서 자식 노드를 2개 이하만 갖는 트리이다. 즉 트리의 차수(Degree)가 2 이하인 트리를 의미한다. 최대 2개만의 자식 노드를 갖는 트리 구조이기 때문에 이 트리 구조의 이름은 이진 트리이다.

6.2.1 이진 트리의 구조와 특성

이진 트리의 형태는 다음 그림과 같은 구조를 갖는다.

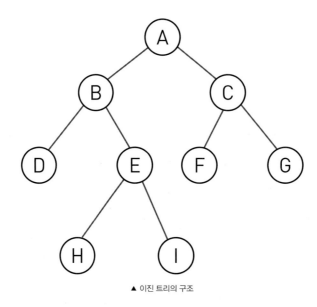

▲ 이진 트리의 구조

이진 트리는 자식 노드가 2개만 존재하기 때문에 구현이 간단하다는 장점이 있다. 이진 트리는 형성된 형태에 따라 몇 가지 종류가 있다. 간단하게 이진 트리의 종류를 알아보자.

6.2.2 이진 트리의 종류

이진 트리는 생긴 모양으로 몇가지 특이한 이진 트리가 존재한다. 그다지 많이 사용하지는 않는 트리이지만 이러한 개념에 대해 살펴보자.

(1) 정 이진 트리(full binary tree)는 단말 노드가 아닌 모든 노드가 2개의 자식을 가진 트리이다.

(2) 포화 이진 트리(perfect binary tree)는 모든 단말 노드의 깊이가 같은 정 이진 트리이다.

(3) 완전 이진 트리(complete binary tree)는 끝 부분(마지막 레벨)을 제외하고 모든 노드가 채워진(마지막 레벨을 제외하고는 모든 노드가 자식 노드를 2개를 가진) 이진 트리이다. 마지막 레벨의 노드들은 왼쪽으로 채워져 있고 마지막 레벨이 다 채워질 수도 있다.

(4) 균형 이진 트리(balanced binary tree)는 모든 단말 노드의 깊이 차이가 많아야 1인 트리이다. 균형 이진 트리는 예측 가능한 깊이를 가진다. 변질 트리(degenerate tree)는 각각의 부모 노드가 하나의 자식만을 갖는 트리이다. 이는 성능 측정에서 트리가 연결 리스트와 같이 움직인다는 것을 의미한다.

그렇다면 다음 Lesson부터 본격적으로 이진 트리의 순회 알고리즘에 대해 알아보자.

6.3 정리

이번 Lesson에서는 트리 구조에 대해서 알아봤다. 트리 구조에서 자식 노드가 2개 이하인 노드를 이진 트리(Binary Tree)라고 하며 가장 많이 사용되고 있는 트리이기도 하다. 트리 구조에서 사용하는 여러 가지 용어들에 대해 익숙해지는 것이 좋다. 트리 구조에서 가장 많이 사용하는 것은 자식 노드가 2개 이하의 노드를 갖는 이진 트리이며, 이진 트리의 순회 알고리즘에 대해서는 다음 Lesson에서 자세히 알아보기로 하자.

트리(Tree)의 순회(Traverse) 알고리즘

트리 구조가 많은 알고리즘에서 사용되는 이유는 다른 자료 구조보다 자료를 저장하거나 검색하는 등의 방법이 간단하며 메모리를 효율적으로 사용하기 때문이다. 이진 트리에서 트리의 각 노드들을 순회하는 방법을 파이썬으로 어떻게 구현하는지 배운다.

7.1 트리 순회 알고리즘의 종류

트리 구조에서 사용하는 트리 순회 알고리즘은 다음과 같이 4가지 알고리즘이 존재한다.

(1) 전위 순회(Pre-Order Traverse)

(2) 중위 순회(In-Order Traverse)

(3) 후위 순회(Post-Order Traverse)

(4) 단계 순위 순회(Level-Order Traverse)

첫 번째는 전위 순회(Pre-Order Traverse)라는 방법이며, 전위 순회는 이진 트리에서 왼쪽에 있는 노드부터 방문한다는 의미이다. 예를 들어 이진 트리가 다음과 같은 구조로 되어 있다고 가정해보자.

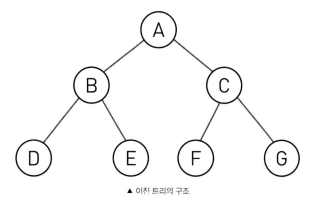

▲ 이진 트리의 구조

전위 순회(Pre-Order Traverse)는 A->B->D->E->C->F->G의 순서로 방문하게 된다.

중위 순회(In-Order Traverse)는 D->B->E->A->F->C->G의 순서가 된다.

후위 순회(Post-Order Traverse)는 D->E->B->F->G->C->A의 순서가 된다.

마지막으로 단계 순위 순회(Level-Order Traverse)는 위에서부터 차례대로 방문하는 순서이다.

따라서 A->B->C->D->E->F->G의 순서가 된다.

먼저 트리 구조에서 사용할 노드에 대한 자료형을 만들어야 한다. 다음은 트리에서 사용하는 노드를 선언하는 코드이다.

```python
class Node:
    def __init__(self, data):
        self.data = data
        self.left = None
        self.right = None
```

노드를 생성하고 위의 그림과 같은 이진 트리의 형태를 갖도록 초기화 하는 방법은 다음과 같다.

```
def init_tree():
    global root

    new_node = Node("A")
    root = new_node
    new_node = Node("B")
    root.left = new_node
    new_node = Node("C")
    root.right = new_node
    new_node_1 = Node("D")
    new_node_2 = Node("E")
    node = root.left
    node.left = new_node_1
    node.right = new_node_2

    new_node_1 = Node("F")
    new_node_2 = Node("G")
    node = root.right
    node.left = new_node_1
    node.right = new_node_2
```

이제 각각의 트리 순회 알고리즘의 구체적인 사용 방법과 차이점에 대해서 그럼 본격적으로 알아보도록 하자.

앞에서 배운 트리 구조를 사용하여 트리 내부의 노드들을 순회하는 여러 가지 알고리즘에 대해 알아보기로 하자. 이제 배우게 되는 트리 순회 알고리즘은 다양한 분야에서 사용된다.

7.2 전위 순회(Pre-Order Traverse) 알고리즘

트리 구조를 순회하기 위해 반드시 지켜야 할 기본적인 규칙은 "노드는 오직 한번만 방문한다"이다. 트리 구조에서 트리 구조를 순회하는 방법에는 가운데 노드를 먼저 방문하고 그 다음에는 왼쪽 노드를 방문하고 그리고 나서 오른쪽 노드를 방문하는 방법이다. 다음의 그림을 살펴보자.

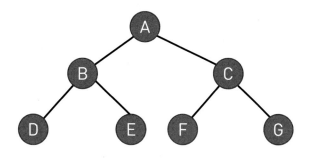

$$A \rightarrow B \rightarrow D \rightarrow E \rightarrow C \rightarrow F \rightarrow G$$

▲ 전위 순회(Preorder Traverse) 알고리즘

위 그림을 보면 전위 순회 방법에 대해 쉽게 이해할 수 있다. 먼저 루트 노드인 노드 A를 방문하고 두 번째로 방문할 노드는 노드 B, 그다음은 노드 D 그리고 나서 방문할 노드는 노드 E가 된다. 이와 같이 순서로 방문을 하게 되면 방문한 결과는 다음과 같은 순서가 된다.

A -> B -> D -> E -> C -> F -> G

그렇다면 전위 순회하는 알고리즘의 코드는 어떻게 될까?

전위 순회 알고리즘 코드는 다음과 같다.

```
def preorder_traverse(node):
    if node == None: return
    print(node.data , end = ' -> ')
    preorder_traverse(node.left)
    preorder_traverse(node.right)
```

위의 코드를 보면 이진 트리를 순회하기 위해 재귀 호출을 사용한다는 것을 알 수 있다.

먼저 매개 변수로 받은 node가 트리의 끝인지 아닌지를 체크해야 한다. if node == None: 이 True이면 현재 트리의 끝이라는 것을 의미하므로 preorder_traverse() 함수를 리턴한다.

만약 node가 None이 아니라면 현재 노드인 node의 data 항목을 출력한다.

```
print(node.data , end = ' -> ')
```

그리고 나서 재귀 호출 방법으로 현재 노드인 node의 왼쪽 노드에 해당하는 node.left를 파라미터로 사용하여 preorder_traverse() 함수를 호출하고, 다시 오른쪽 노드에 해당하는 node.right를 파라미터로 사용하여 preorder_traverse() 함수를 호출한다.

이 preorder_traverse() 함수를 재귀적으로 호출하는 것이 바로 트리에서 노드를 순회하는 방법에 해당된다.

위 프로그램의 결과는 다음과 같다.

```
A -> B -> D -> E -> C -> F -> G
```

위와 같이 간단한 3~4줄의 코드만으로 트리의 노드 개수가 몇 개이든 이진 트리라면 전위 순회 방법으로 모든 노드들을 순회할 수 있다.

7.3 **중위 순회(In-Order Traverse) 알고리즘**

중위 순회 알고리즘은 "왼쪽 자식 노드를 방문하고 그 다음 부모 노드를 방문한 후 다시 오른쪽 자식 노드를 방문"하는 알고리즘이다. 그림으로 중위 순회 알고리즘이 실행되는 순서를 살펴보면 다음과 같다.

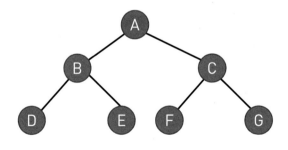

$$D \rightarrow B \rightarrow E \rightarrow A \rightarrow F \rightarrow C \rightarrow G$$

▲ 이진 트리의 중위 순회 알고리즘

위의 그림처럼 중위 순회 알고리즘의 순서는 D->B->E->A->F->C->G가 된다.

그럼 중위 순회 알고리즘의 소스 코드를 살펴보자.

중위 순회 알고리즘 역시 스택을 사용하고 있기 때문에 전위 순회 알고리즘에서 사용한 스택의 코드는 그대로 사용해도 된다. 다음은 이진 트리의 중위 순회 알고리즘이 구현된 전체 코드이다.

```
def inorder_traverse(node):
    if node == None: return
    inorder_traverse(node.left)
    print(node.data , end = ' -> ')
    inorder_traverse(node.right)
```

앞에서 배운 전위 순회와 마찬가지로 중위 순회 알고리즘 역시 재귀적 호출을 사용하며, 내부 코드는 재귀 호출의 순서만 다르다.

재귀적 호출을 사용한 순회 알고리즘은 현재 노드의 왼쪽 노드를 순회하는 함수를 먼저 호출한 후 현재 노드의 데이터를 출력하고, 다시 현재 노드의 오른쪽 노드를 순회하는 함수를 호출하면 된다.

7.4 후위 순회(Post-Order Traverse) 알고리즘

중위 순회 알고리즘은 "왼쪽 자식 노드를 방문하고 그 다음 부모 노드를 방문한 후 다시 오른쪽 자식 노드를 방문"하는 알고리즘이다. 중위 순회 알고리즘과는 달리 후위 순회 알고리즘은 왼쪽 자식 노드를 방문하고 다음에 오른쪽 자식 노드를 방문한 후에 마지막으로 부모 노드를 방문하는 알고리즘이 된다.

후위 순위 알고리즘도 중위 알고리즘과 마찬가지로 재귀적 호출 방법으로 구현할 수 있다. 재귀적 호출을 이용한 후위 순회 알고리즘은 재귀적 호출을 사용한 중위 순회 알고리즘과 별반 차이가 없다.

본론으로 들어가서 이진 트리의 후위 순회 알고리즘의 전체 소스 코드를 살펴보자.

```
def postorder_traverse(node):
    if node == None: return
    postorder_traverse(node.left)
    postorder_traverse(node.right)
    print(node.data , end = ' -> ')
```

위의 코드는 이전에 다룬 중위 순회 알고리즘과 거의 같은 구조를 갖고 있다. 재귀적 호출을 사용한 순회 알고리즘이다. 재귀적 호출을 사용한 후위 순회 알고리즘은 다음 그림과 같이 실행된다.

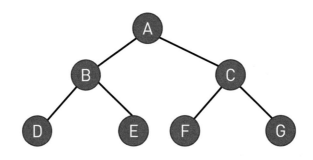

$$D \rightarrow E \rightarrow B \rightarrow F \rightarrow G \rightarrow C \rightarrow A$$

▲ 이진 트리의 후위 순회 알고리즘

재귀적 호출을 사용한 순회 알고리즘은 진위 순회, 중위 순회 그리고 후위 순회가 그다지 차이점이 없이 동일하다. 단지 차이가 있다면 현재의 노드를 방문하는 부분을 언제 호출하느냐의 차이만이 있을 뿐이다.

일단 후위 순회이기 때문에 현재의 왼쪽 서브 트리와 오른쪽 서브 트리를 순회한 후에 현재 노드의 데이터를 출력하게 된다. 중위 순회 알고리즘에서 재귀적 호출에 대한 코드를 이해했다면 아마 쉽게 이해할 수 있을 것이다.

7.5 단계 순회(Level-Order Traverse) 알고리즘

단계 순회 알고리즘은 루트 노드부터 단계 순서대로 왼쪽부터 오른쪽으로 방문하는 순회 알고리즘이다. 그림으로 보면 다음과 같은 그림이 된다.

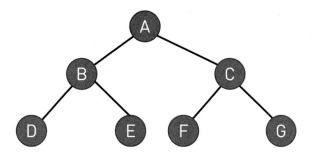

$$A \rightarrow B \rightarrow C \rightarrow D \rightarrow E \rightarrow F \rightarrow G$$

▲ 이진 트리의 단계 순회 알고리즘

위의 그림만 봐도 알 수 있듯이 단계 순회 알고리즘은 위에서부터 왼쪽, 오른쪽 순서로 차례대로 방문하는 방식이다. 따라서 단계 순회 알고리즘의 경우는 스택을 사용하기는 어렵고, 큐를 사용하는 것이 더 바람직하다.

다음은 단계 순회 알고리즘에 대한 코드이다.

```
levelq = [ ]

def levelorder_traverse(node):
    global levelq
    levelq.append(node)
    while len(levelq) != 0:
        # visit
        visit_node = levelq.pop(0)
        print(visit_node.data , end = ' -> ')
        # child put
        if visit_node.left != None:
            levelq.append(visit_node.left)
        if visit_node.right != None:
            levelq.append(visit_node.right)
```

위의 코드는 이전 장에서 다룬 순회 알고리즘과는 사뭇 다르다.

먼저 매개 변수로 받은 현재 노드인 node를 큐인 levelq에 저장한다. 그리고 나서 큐의 크기가 0이 아니라면, 큐에서 항목을 하나씩 가져와서 그 항목의 데이터를 출력한다.

현재 방문한 노드를 visit_node라고 하고, visit_node의 왼쪽 노드가 존재한다면 큐에 visit_node의 왼쪽 노드를 삽입하고, 다시 visit_node의 오른쪽 노드가 존재하는지를 검사한다.

오른쪽 노드가 존재하면 큐에 저장하고 반복문인 while문을 계속 실행한다.

큐를 사용한 후위 순회 : A->B->C->D->E->F->G

이 while문은 큐 안에 데이터가 존재할 때까지 계속 반복된다.

7.6 전체 코드

총 4개의 순회 알고리즘을 살펴보았고, 이에 대한 전체 코드는 다음과 같다.

```python
#!/usr/bin/python

#트리에서 사용할 노드(Node) 클래스의 선언
class Node:
    def __init__(self, data):
        self.data = data
        self.loft = None
        self.right = None

#전위 순회 알고리즘(Preorder Traverse)
def preorder_traverse(node):
    if node == None: return
    print(node.data, end = ' -> ')
    preorder_traverse(node.left)
    preorder_traverse(node.right)

#중위 순회 알고리즘(Inorder Traverse)
def inorder_traverse(node):
    if node == None: return
    inorder_traverse(node.left)
```

```
    print(node.data , end = ' -> ')
    inorder_traverse(node.right)

#후위 순회 알고리즘(Postorder Traverse)
def postorder_traverse(node):
    if node == None: return
    postorder_traverse(node.left)
    postorder_traverse(node.right)
    print(node.data , end = ' -> ')

root = None

#트리의 초기화
def init_tree():
global root
new_node = Node("A")
root = new_node
new_node = Node("B")
root.left = new_node
new_node = Node("C")
root.right = new_node
new_node_1 = Node("D")
new_node_2 = Node("E")
node = root.left
node.left = new_node_1
node.right = new_node_2
new_node_1 = Node("F")
new_node_2 = Node("G")
node = root.right
node.left = new_node_1
node.right = new_node_2

levelq = []

#단계 순위 순회 알고리즘(Leveorder Traverse)
def levelorder_traverse(node):
    global levelq
```

```python
    levelq.append(node)
    while len(levelq) != 0:
    # visit
    visit_node = levelq.pop(0)
    print(visit_node.data , end = ' -> ')
    # child put
    if visit_node.left != None:
    levelq.append(visit_node.left)
    if visit_node.right != None:
    levelq.append(visit_node.right)

#순회 프로그램의 시작점
if __name__ == '__main__':
init_tree()
print("< Preorder Traverse >")
preorder_traverse(root)
print("\n")
print("< Inorder Traverse >")
inorder_traverse(root)
print("\n")
print("< Postorder Traverse >")
postorder_traverse(root)
print("\n")
print("< Leveorder Traverse >")
levelorder_traverse(root)
print("\n")
```

위의 전체 코드를 실행하면 다음과 같은 결과를 확인할 수 있다.

```
< Preorder Traverse >
A -> B -> D -> E -> C -> F -> G

< Inorder Traverse >
D -> B -> E -> A -> F -> C -> G

< Postorder Traverse >
D -> E -> B -> F -> G -> C -> A

< Leveorder Traverse >
A -> B -> C -> D -> E -> F -> G


Process finished with exit code 0
```

7.7   정리

    이번 Lesson에서는 트리 구조에서 사용하는 순회 알고리즘에 대해서 알아보았다. 이진 트리를 순회하는 알고리즘은 전위/중위/후위/단계 순회 알고리즘으로 총 4가지가 있으며, 그 각각의 알고리즘들은 재귀적 호출, 스택이나 큐를 사용하여 구현이 가능하다. 트리의 개념과 구조에 대한 내용과 트리의 각 노드를 순회하는 알고리즘에 대해 충분히 숙지해야한다.

선택/삽입 정렬 알고리즘

이번 Lesson에서는 앞에서 배운 기본적인 알고리즘의 개념들을 이용하여 데이터를 일정한 조건에 맞게 정렬하는 알고리즘에 대해 알아보도록 하자. 정렬 알고리즘은 알고리즘의 가장 간단한 형태이지만 그만큼 사용 빈도가 높은 알고리즘들 중의 하나이다.

이번 Lesson에서는 파이썬을 이용하여 선택/삽입 정렬 알고리즘을 구현하는 방법에 대해 배운다.

8.1 선택 정렬 알고리즘(Selection Sort Algorithm)

선택 정렬 알고리즘은 주변에서 손쉽게 접할 수 있는 정렬 알고리즘 중의 하나이다. 어떻게 선택 정렬 알고리즘이 실행되는지 한번 살펴보도록 하자.

선택 정렬 알고리즘의 기본 개념은 데이터의 처음부터 끝까지 훑어가면서 가장 작은 값을 찾은 후에 그 값을 첫 번째 데이터와 자리를 바꾸고, 그 다음에 두 번째로 작은 데이터를 찾아서 두 번째의 데이터와 자리를 바꾸는 방법으로 구현되는 정렬 알고리즘이다.

다음 그림을 살펴보자.

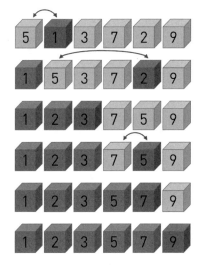

▲ 선택 정렬의 동작

5, 1, 3, 7, 2, 9라는 정렬되지 않은 데이터들이 존재한다고 가정하자.

선택 정렬 알고리즘에서 "선택"이라는 용어가 말해주듯이 현재의 리스트에서 가장 작은 항목을 찾아서 가장 왼쪽 아이템과 교환한다. 그리고 나서, 맨 왼쪽을 제외한 두 번째부터 마지막 데이터 중에서 다시 가장 작은 데이터를 "선택"한다. 그리고 두 번째 위치의 데이터와 교환한다.

그 다음으로 이미 정렬된 첫 번째, 두 번째 데이터를 제외한 세 번째 데이터부터 마지막 데이터 중에서 가장 작은 데이터를 찾는다. 현재 "3"이 가장 작은 데이터이며 세 번째 위치에 이미 존재하므로 별다른 교환 작업이 필요없다.

이와 같은 과정을 마지막 데이터까지 반복한다.

그럼 간단한 선택 정렬 알고리즘의 코드를 살펴보자.

```python
#!/usr/bin/python
import random

def selected_sort(random_list):
    for sel in range( len(random_list)-1 ):
        min = random_list[sel]
        minindex = sel
        # find min value
        for step in range( sel+1, len(random_list) ):
            if min > random_list[step]:
                min = random_list[step]
                minindex = step
        # swap
        random_list[minindex] = random_list[sel]
        random_list[sel] = min

if __name__ == '__main__':
    list = []
    for i in range(10):
        list.append( random.randint(1,10) )
    print("< Before Sort >")
    print(list)
```

```
            selected_sort(list) # now sorting!
            print("< After Sort >")
            print(list)
```

위의 코드를 실행하면 다음과 같은 결과가 나타난다.

```
< Before Sort >
[94, 84, 51, 34, 88, 88, 11, 2, 17, 73, 42, 66, 86, 69, 27, 99, 95, 77, 8, 18, 32,
98, 100, 11, 97, 37, 57, 44, 15, 30, 29, 74, 65, 86, 17, 5, 65, 12, 63, 7, 60, 81,
75, 82, 1, 57, 91, 8, 44, 24, 95, 8, 93, 90, 94, 62, 56, 80, 66, 28, 88, 53, 83, 15,
83, 46, 95, 54, 47, 77, 42, 36, 7, 100, 12, 39, 86, 87, 57, 2, 81, 22, 50, 91, 31,
74, 36, 43, 14, 53, 24, 30, 64, 9, 96, 54, 1, 62, 99, 97]
< After Sort >
[1, 1, 2, 2, 5, 7, 7, 8, 8, 8, 9, 11, 11, 12, 12, 14, 15, 15, 17, 17, 18, 22, 24, 24,
27, 28, 29, 30, 30, 31, 32, 34, 36, 36, 37, 39, 42, 42, 43, 44, 44, 46, 47, 50, 51,
53, 53, 54, 54, 56, 57, 57, 57, 60, 62, 62, 63, 64, 65, 65, 66, 66, 69, 73, 74, 74,
75, 77, 77, 80, 81, 81, 82, 83, 83, 84, 86, 86, 86, 87, 88, 88, 88, 90, 91, 91, 93,
94, 94, 95, 95, 95, 96, 97, 97, 98, 99, 99, 100, 100]


Process finished with exit code 0
```

위의 전체 코드에서 핵심 부분우 다음 부분이다.

```
for sel in range( len(random_list)-1 ):
    min = random_list[sel]
    minindex = sel
    # find min value
    for step in range( sel+1, len(random_list) ):
        if min > random_list[step]:
            min = random_list[step]
            minindex = step
    # swap
    random_list[minindex] = random_list[sel]
    random_list[sel] = min
```

먼저 선택 정렬은 2개의 for문으로 구성되어있다. 첫 번째 for문은 0부터 매개 변수로 받은 (random_list의 크기−1)까지를 반복 실행한다. 일단 for문이 실행되면 변수 min에 현재의 random_list의 가장 첫 번째 값을 저장해둔다. 이것은 현재의 random_list[sel] 값이 최소값이라고 가정하는 것이다. 일단은 그렇게 생각하고 나서 두 번째 for문을 실행한다. 두 번째 for문의 제어 변수 step는 (sel+1)부터 시작하여 random_list의 크기까지 진행하게 된다. 만약 random_list[step]이 min보다 더 작은 값을 갖는다면 random_list[step] 값을 min에 저장하고 현재의 step 값을 minindex에 저장한다.

그리고 나서, random_list[sel]의 값을 random_list[minindex]에 저장하고, min을 random_list[sel]에 저장하게 된다. 이와 같이 2개의 값을 서로 바꾸는 이유는 임의로 정한 가장 작은 데이터를 실제 가장 작은 데이터와 바꾸는 것이다.

이와 같이 2개의 값을 서로 바꾸는 것을 스왑(swap)이라고 말한다.

8.2 선택 정렬 알고리즘의 분석

그렇다면 선택 정렬 알고리즘의 특성과 장단점에 대해 얘기해보자. 선택 정렬 알고리즘의 코드를 약간 수정해서 사용자로부터 정렬할 데이터의 크기를 입력받도록 수정해보자.

선택 정렬 알고리즘의 코드에서 아직 정렬되지 않은 부분(제어 변수 step)부터 데이터의 끝까지 for문을 반복하면서 남아 있는 정렬되지 않은 데이터 중의 가장 작은 값을 갖는 데이터를 찾게 된다. 다시 말하면 현재 정렬되지 않은 데이터 중에서 가장 작은 값을 선택 한다는 의미가 된다. 바로 이 선택(Select)이 이 알고리즘의 이름이 선택 정렬(Select Sort) 알고리즘이 된 이유이다.

위의 아직 정렬되지 않은 부분에서 정렬될 조건에 맞는 데이터 하나가 선택되는 것임을 알 수 있다. 이와 같은 내용을 좀 더 컴퓨터에 입장에서 말하면 N개의 데이터를 갖는 선택 정렬 알고리즘은 2개의 반복문을 사용하여 (N*(N−1)/2)회의 비교를 한다. 그러나 데이터를 정렬되지 않은 부분에서 정렬된 쪽으로 이동하는 횟수는 (N−1)회이다. 그 이유는 일단 정렬되지 않은 부분에서 가장 작은 값을 갖는 데이터를 찾은 후에 데이터를 교환하기 때문이다.

N을 100이라고 하면, 비교 횟수는 (N*(N−1)/2)가 되므로 (100*99/2) = 4950회가 된다.

위의 수정된 선택 정렬 알고리즘의 코드를 실행해보면, 총 100개의 데이터에 대해 실제 비교 횟수가 정확히 4950회가 실행됐음을 확인할 수 있다.

정렬할 데이터의 수 : 100

〈 정렬 전 〉

[40, 79, 18, 6, 92, 26, 99, 53, 50, 25, 95, 36, 6, 3, 83, 68, 77, 97, 94, 79, 20,
58, 73, 27, 75, 14, 25, 5, 13, 12, 14, 73, 5, 41, 41, 16, 21, 35, 22, 43, 54, 82,
40, 21, 37, 72, 38, 82, 97, 49, 29, 93, 24, 83, 50, 37, 22, 36, 42, 45, 13, 21, 1,
71, 50, 67, 49, 94, 95, 60, 5, 95, 56, 41, 73, 52, 17, 22, 77, 66, 75, 36, 82, 49,
52, 23, 14, 65, 92, 24, 38, 50, 23, 20, 54, 25, 6, 24, 95, 28]

〈 정렬 후 〉

[1, 3, 5, 5, 5, 6, 6, 6, 12, 13, 13, 14, 14, 14, 16, 17, 18, 20, 20, 21, 21, 21, 22,
22, 22, 23, 23, 24, 24, 24, 25, 25, 25, 26, 27, 28, 29, 35, 36, 36, 36, 37, 37, 38,
38, 40, 40, 41, 41, 41, 42, 43, 45, 49, 49, 49, 50, 50, 50, 50, 52, 52, 53, 54, 54,
56, 58, 60, 65, 66, 67, 68, 71, 72, 73, 73, 73, 75, 75, 77, 77, 79, 79, 82, 82, 82,
83, 83, 92, 92, 93, 94, 94, 95, 95, 95, 95, 97, 97, 99]
데이터의 크기 : 100

비교 횟수 : 4950

교환 횟수 : 271

실행 시간 : 0.0010001659393310547

Process finished with exit code 0

이와 같은 선택 정렬 알고리즘의 장점은 정렬할 데이터 하나하나의 크기가 큰 경우에 유용하다.

비교 횟수는 ($N^2/2$)회나 되기 때문에 큰 편이지만 데이터 교환 횟수는 ($N-1$)회이면 충분하게 된다. 따라서 교환 횟수가 상대적으로 적기 때문에 정렬할 데이터의 크기가 큰 경우라면 다른 정렬 알고리즘보다 유용하다고 볼 수 있다.

8.3 삽입 정렬 알고리즘(Insert Sort Algorithm)

삽입 정렬 알고리즘은 선택 정렬 알고리즘과 비슷한 알고리즘이다. 앞에서 배운 선택 정렬 알고리즘과는 어떤 차이점이 있는지 알아보도록 하자. 선택 정렬 알고리즘이 정렬되지 않은 데이터 중에 가장 작은 값을 찾아서 정렬을 하는 방식이라면 삽입 정렬은 그러한 작은 값을 찾는 검색 과정이 필요 없는 정렬 알고리즘이다. 오히려 순차적으로 정렬하면서 현재의 값을 정렬되어 있는 값들과 비교하여 위치로 삽입하는 방식이다.

그럼 먼저 삽입 정렬 알고리즘의 전체 코드를 살펴보자.

```python
#!/usr/bin/python
import random
import time

compare_counter = 0
swap_counter = 0

def insertion_sort(my_list):
    global compare_counter, swap_counter
    my_list.insert(0, -1)
    for s_idx in range( 2, len(my_list) ):
        temp = my_list[s_idx]
        ins_idx = s_idx
        compare_counter += 1
        while my_list[ins_idx-1] > temp:
            swap_counter += 1
            my_list[ins_idx] = my_list[ins_idx-1]
            ins_idx = ins_idx - 1

        my_list[ins_idx] = temp
    del my_list[0]

if __name__ == '__main__':
    list = []
    input_n = input("정렬할 데이터의 수 : ")
    for i in range(int(input_n)):
        list.append( random.randint(1,int(input_n)) )


    print("〈 정렬 전 〉")
    print(list)

    start_time = time.time()
    insertion_sort(list)
    running_time = time.time() - start_time
```

```
        print ("〈 정렬 후 〉")
        print (list)

        print ("데이터의 크기 : {}".format (int (input_n)))
        print ("비교 횟수 : {}".format (compare_counter))
        print ("교환 횟수 : {}".format (swap_counter))
        print ("실행 시간 : {}".format (running_time))
```

위의 코드를 실행하면 다음과 같은 결과가 나타난다.

```
정렬할 데이터의 수 : 100
〈 정렬 전 〉
[25, 35, 44, 82, 74, 25, 39, 72, 13, 90, 19, 28, 76, 90, 38, 15, 77, 39, 40, 92, 74,
3, 96, 78, 96, 84, 57, 94, 60, 92, 91, 11, 54, 91, 6, 41, 9, 8, 18, 75, 99, 73, 21,
3, 97, 42, 6, 47, 51, 42, 31, 92, 11, 79, 4, 65, 35, 71, 81, 89, 87, 53, 78, 42, 90,
64, 6, 31, 59, 12, 67, 93, 66, 93, 36, 69, 69, 51, 51, 33, 45, 78, 82, 46, 76, 84,
26, 51, 8, 74, 8, 22, 21, 27, 54, 34, 24, 66, 98, 35]
〈 정렬 후 〉
[3, 3, 4, 6, 6, 6, 8, 8, 8, 9, 11, 11, 12, 13, 15, 18, 19, 21, 21, 22, 24, 25, 25,
26, 27, 28, 31, 31, 33, 34, 35, 35, 35, 36, 38, 39, 39, 40, 41, 42, 42, 42, 44, 45,
46, 47, 51, 51, 51, 51, 53, 54, 54, 57, 59, 60, 64, 65, 66, 66, 67, 69, 69, 71, 72,
73, 74, 74, 74, 75, 76, 76, 77, 78, 78, 78, 79, 81, 82, 82, 84, 84, 87, 89, 90, 90,
90, 91, 91, 92, 92, 92, 93, 93, 94, 96, 96, 97, 98, 99]
데이터의 크기 : 100
비교 횟수 : 99
교환 횟수 : 2527
실행 시간 : 0.0009999275207519531

Process finished with exit code 0
```

　삽입 정렬 알고리즘 코드는 선택 정렬 알고리즘 코드와 정렬 알고리즘만 차이가 있을 뿐 다른 부분은 거의 동일하다. 임의의 수를 생성하는 코드나 생성한 값이 이미 존재하는 값인지를 검사하는 함수 등은 선택 정렬 알고리즘 코드와 똑같다.

자 그러면 본격적으로 삽입 정렬 알고리즘에 대해서 살펴보자.

```python
def insertion_sort(my_list):
    global compare_counter, swap_counter
    my_list.insert(0, -1)
    for s_idx in range( 2, len(my_list) ):
        temp = my_list[s_idx]
        ins_idx = s_idx
        compare_counter += 1
        while my_list[ins_idx-1] > temp:
            swap_counter += 1
            my_list[ins_idx] = my_list[ins_idx-1]
            ins_idx = ins_idx - 1

        my_list[ins_idx] = temp
    del my_list[0]
```

삽입 정렬 알고리즘은 선택 정렬 알고리즘과 구조는 비슷하지만 약간 다른 부분이 있다.

먼저 for문을 사용하여 첫 번째 데이터부터 마지막 데이터까지 반복문을 실행하면서 정렬 작업을 하는 것은 선택 정렬과 삽입 정렬이 동일하다. 단지 처음 시작을 배열의 첫 번째 값을 my_list.insert(0, −1)과 같이 "−1" 값으로 저장하는 점이 다르다. 이와 같이 하는 이유는 정렬할 데이터가 0보다 같거나 큰 양수값이기 때문에 최소값을 설정하기 위해서 −1 값을 가장 첫 번째 항목에 저장했다.

for문이 시작하면 정렬할 데이터가 저장되어 있는 리스트 my_list의 s_idx번째 데이터를 가져와서 변수 temp에 저장해 놓는다. 또한 현재의 s_idx를 변수 ins_idx에 저장한다.

이제부터가 중요하다. 그 다음의 while문을 실행하는데 while문을 보면 현재 my_list[ins_idx−1]과 temp값을 비교하여 리스트 my_list에 있는 값이 현재 temp 값보다 크면 현재의 my_list를 한 칸 뒤로 이동한다. 그에 해당하는 코드가 다음과 같다.

```python
my_list[ins_idx] = my_list[ins_idx-1]
```

처음 for문이 시작되면 제어 변수 i는 1이 되고, 따라서 my_list[s_idx]는 68이 된다. 먼저 my_list[s_idx]의 값을 변수 temp에 저장한다.

변수 ins_idx에 현재의 변수 s_idx의 값을 저장하는 부분이다. 그리고 while문을 실행하게 된다.

while문에서는 my_list[ins_idx-1]이 temp보다 큰 지를 검사하는 부분이다. 현재의 ins_idx의 값은 s_idx값과 같으므로 Buf[ins_idx-1]은 100을 가리키게 된다.

따라서 while문은 100과 temp 변수에 저장되어 있는 68을 비교하게 되고 당연히 100보다 68이 크기 때문에 while문 안으로 진입하게 된다. 그리고 나서 my_list[ins_idx-1]의 값을 my_list[ins_idx]에 저장한다. 현재의 변수 ins_idx 값을 하나 감소시킨다.

그리고 나서 while문으로 다시 가게 되는데 현재 변수 ins_idx의 값이 0이므로 while문은 거짓이 되고, 현재의 temp값을 my_list[ins_idx]에 저장한다. while문이 끝나면 결국 68과 100이 서로 자리를 바꾸게 된다.

for문은 정렬할 데이터의 처음부터 끝까지 반복하는 부분이며 for문 안에 있는 while문은 이미 정렬되어 있는 부분에서 temp에 저장한 값이 들어갈 위치를 찾는 부분이다. 만약 temp가 정렬할 데이터 중 가장 작은 값이라면 whlie문에 의해 가장 처음 부분까지 진행하게 된다.

8.4 삽입 정렬 알고리즘의 실행과 성능

삽입 정렬 알고리즘의 경우에는 이미 정렬된 데이터, 즉 최선의 경우에는 선택 정렬 알고리즘에 비해 월등히 좋은 성능을 보여준다. 그것은 데이터의 비교 횟수가 입력 데이터의 양에 비례하기 때문이다. 그에 비하여 선택 정렬 알고리즘의 경우에는 N*(N-1)/2에 가까운 수가 된다. 이 경우에는 정렬할 데이터의 수가 많으면 많을수록 선택 정렬 알고리즘에 비해 십입 징렬 알고리즘의 성능이 좋아진다는 것을 의미하다.

그러나 최악의 경우가 되면 상황은 달라진다. 선택 정렬 보다 삽입 정렬의 성능이 더 안 좋다는 것을 알 수 있다. 삽입 정렬 알고리즘의 경우에는 최악의 경우 비교 횟수도 N*(N-1)/2가 되고, 데이터의 이동 횟수도 N*(N-1)/2가 된다. 이것은 선택 정렬 알고리즘에서 데이터의 이동 횟수가 N인 것에 비해 성능을 감소시키는 요인이 된다.

따라서 삽입 정렬 알고리즘의 성능을 O 표기법으로 표시하면 $O(N^2)$이 된다. 선택 정렬 알고리즘의 경우에도 동일하기 때문에 두 알고리즘의 성능은 그다지 차이가 없다고 볼 수 있다.

삽입 정렬 알고리즘이 이처럼 최선의 경우에는 성능이 좋은데 최악의 경우에는 성능이 안좋아지는 이유는 알고리즘의 특성이 선택 정렬과는 다르기 때문이다. 선택 정렬 알고리즘은 현재 정렬되어 있지 않은 데이터 중에서 가장 작은 값을 검색하여 찾아내서 정렬된 쪽으로 이동시키는 방식이다.

　그러나, 삽입 정렬 알고리즘은 정렬되지 않은 데이터에서 순서대로 데이터를 뽑아서 정렬된 데이터의 들어갈 위치를 검색하여 삽입하는 방식이다. 따라서 이미 정렬되어 있는 경우에는 이미 데이터들이 순서대로 정렬되어 있기 때문에 데이터를 뽑아서 삽입하는 과정 자체가 필요 없다. 선택 정렬 알고리즘의 경우 이미 정렬이 되어 있다 하더라도 정렬되어 있는 값들을 비교하여 가장 작은 값이라는 것을 확신할 때까지 검색 작업을 반복하기 때문에 아무리 정렬되어 있다고 하더라도 N*(N-1)/2 정도의 검색 작업이 필요하다.

　결론적으로 선택 정렬이 비교 횟수가 많고 데이터의 이동 횟수가 적은 반면에, 삽입 정렬은 비교 횟수가 적고 상대적으로 데이터의 이동 횟수가 많은 편에 속한다.

(1) 시간의 효율성
　삽입 정렬 알고리즘은 O 표기법에 의하면 $O(N^2)$의 실행 시간을 갖는다. 실행 시간만을 보면 그다지 좋은 정렬 알고리즘이라고는 볼 수 없다. 그러나 정렬이 어느 정도 되어 있는 경우, 특히 이미 거의 정렬이 되어 있는 경우에는 N에 가까운 성능을 보여준다. 이러한 삽입 정렬의 특성은 이후에 배우게 될 좀 더 발전된 정렬 알고리즘과 함께 사용하면 전반적인 시스템의 성능을 크게 향상 시킬 수 있다.

(2) 공간의 효율성
　삽입 정렬 알고리즘은 데이터의 크기가 큰 경우에는 데이터 교환 횟수가 상대적으로 많기 때문에 그다지 바람직한 정렬 방법은 아니다. 그러나, 하나당 데이터의 크기가 큰 경우에도 인덱스를 사용하는 간접 정렬 방식을 사용하면 삽입 정렬의 단점 중에 하나인 공간의 효율성이 떨어지는 단점을 해결할 수 있다.

(3) 코드의 효율성
　삽입 정렬 알고리즘의 코드 복잡도는 반복문을 2번 사용하여 $O(N^2)$의 성능이 되므로 그다지 좋은 알고리즘이라고 보기는 어렵다.

8.5 　정리

　이번 Lesson에서는 선택 정렬 알고리즘과 삽입 정렬 알고리즘에 대한 코드와 구현 방법 그리고 2개의 서로 다른 알고리즘을 다양한 분석 방법으로 비교했다. 전체적인 성능은 선택 정렬 알고리즘이 삽입 정렬 알고리즘보다 떨어진다. 그렇다고 해서 모든 경우에 삽입 정렬 알고리즘이 더 좋은 것은 아니다.

　삽입 정렬 알고리즘은 정렬 속도는 선택 정렬 알고리즘보다 좀 더 빠를지는 모르지만 정렬할 데이터의 양에 따라서 성능 저하가 많다. 오히려 이런 점에서는 선택 정렬 알고리즘이 더 낫다고 볼 수도 있다. 데이터를 정렬할 때 무조건 하나의 정렬 알고리즘을 사용하는 것은 바람직하지 않다. 정렬할 여러 가지 조건 (데이터의 개수, 사용할 수 있는 메모리의 양 등)을 분석해서 가장 합당한 정렬 알고리즘을 선택하는 지혜가 필요하다.

　다음 Lesson에서는 삽입, 선택 정렬 알고리즘과 함께 기본적인 정렬 알고리즘으로 분류되는 거품 정렬과 셸 정렬 알고리즘에 대해서 알아보도록 하자.

거품/셀 정렬 알고리즘

이번 Lesson에서는 파이썬을 이용하여 거품/셀 정렬 알고리즘을 구현하는 방법에 대해 배운다.

9.1 거품 정렬 알고리즘(Bubble Sort Algorithm)

거품 정렬 알고리즘은 정렬하는 모양이 거품이랑 비슷하다고 해서 거품 정렬이라고 한다. 거품 정렬 알고리즘은 순차적으로 바로 옆에 있는 데이터와 비교해서 옆의 데이터가 크면 자신과 위치를 변경한다. 이와 같은 방식으로 데이터의 처음부터 끝까지 반복하게 된다. 첫 번째 데이터가 가장 크다면 계속 옆에 있는 데이터와 자리를 바꾸면서 그 데이터는 결국 맨 끝으로 가게 된다. 두 번째 위치에 있는 데이터를 또다시 옆에 있는 데이터와 비교한다. 이와 같은 과정을 마지막의 바로 전 데이터까지 반복한다.

이미 눈치챘겠지만 마치 거품이 부글부글 올라가는 것처럼 정렬을 반복하게 되기 때문에 거품 정렬 알고리즘이라는 이름으로 부르게 된 것이다. 또한 거품 정렬 알고리즘도 기존이 정렬 알고리즘과 같이 2개의 반복문을 중첩해서 사용한다.

그렇다면 거품 정렬 알고리즘 코드에 대해 좀 더 자세하게 알아보도록 하자.

```python
#!/usr/bin/python
import random
import time

compare_counter = 0
swap_counter = 0

def bubble_sort(random_list):
    for start_index in range(len(random_list) - 1):
        for index in range(1, len(random_list) - start_index):
            if random_list[index - 1] > random_list[index]:
```

```python
                temp = random_list[index - 1]
                random_list[index - 1] = random_list[index]
                random_list[index] = temp


if __name__ == '__main__':
    list = []
    input_n = input("정렬할 데이터의 수 : ")
    for i in range(int(input_n)):
        list.append( random.randint(1,int(input_n)) )
    print("〈 정렬 전 〉")
    print(list)

    start_time = time.time()
    bubble_sort(list)
    running_time = time.time() - start_time

    print("〈 정렬 후 〉")
    print(list)

    print("데이터의 크기 : {}".format(int(input_n)))
    print("비교 횟수 : {}".format(compare_counter))
    print("교환 횟수 : {}".format(swap_counter))
    print("실행 시간 : {}".format(running_time))
```

먼저 첫 번째 for문에서 제어 변수 start_index는 random_list를 가리킨다. len(random_list)−1은 정렬할 데이터가 저장되어 있는 배열 random_list의 가장 마지막 위치를 말한다. 두 번째 for문은 가장 마지막 위치에서부터 한 칸씩 줄어들면서 반복 실행하게 되는 것이다.

두 번째 for문의 역할은 먼저 두 번째 for문의 제어 변수인 변수 index는 1로 초기화되어서 첫 번째 for문의 start_index 값하고 같거나 작을 때까지 하나씩 증가하면서 반복 실행하게 된다.

if문은 random_list[index−1]이 random_list[j]와 같은지를 비교하여 random_list[index−1]이 random_list[index]보다 크면 두 값을 변경하는 부분이다.

다음은 거품 정렬 알고리즘의 실행 결과다.

```
정렬할 데이터의 수 : 100
〈 정렬 전 〉
[57, 41, 56, 82, 22, 35, 9, 18, 69, 94, 59, 94, 63, 93, 30, 73, 70, 29, 59, 73, 83,
92, 12, 67, 48, 59, 3, 4, 62, 79, 54, 66, 69, 80, 35, 42, 88, 96, 89, 74, 48, 15,
69, 82, 5, 69, 96, 33, 56, 36, 81, 38, 74, 53, 82, 60, 76, 97, 82, 92, 27, 90, 100,
1, 42, 2, 72, 33, 15, 40, 83, 92, 47, 13, 87, 55, 97, 34, 44, 89, 55, 96, 30, 7, 14,
42, 34, 14, 72, 71, 89, 63, 51, 78, 96, 49, 90, 56, 84, 63]
〈 정렬 후 〉
[1, 2, 3, 4, 5, 7, 9, 12, 13, 14, 14, 15, 15, 18, 22, 27, 29, 30, 30, 33, 33, 34, 34,
35, 35, 36, 38, 40, 41, 42, 42, 42, 44, 47, 48, 48, 49, 51, 53, 54, 55, 55, 56, 56,
56, 57, 59, 59, 59, 60, 62, 63, 63, 63, 66, 67, 69, 69, 69, 69, 70, 71, 72, 72, 73,
73, 74, 74, 76, 78, 79, 80, 81, 82, 82, 82, 82, 83, 83, 84, 87, 88, 89, 89, 89, 90,
90, 92, 92, 92, 93, 94, 94, 96, 96, 96, 96, 97, 97, 100]
데이터의 크기 : 100
실행 시간 : 0.003000020980834961

Process finished with exit code 0
```

먼저 100이라는 데이터는 가장 큰 수임에도 불구하고 random_list의 첫 번째인 random_list[0]에 저장되어 있다. 처음의 변수 j는 random_list[1]을 가리키고 있으며 random_list[index − 1]의 값은 100이므로 if문에 의해서 random_list[index − 1]과 random_list[index]는 서로 값을 바꾸게 된다. 이와 같이 if문에서 제어 변수 index가 1부터 start_index가 될 때까지 for문을 반복하게 된다.

일단 100이 가장 끝으로 이동하고 나면 변수 i는 하나 감소하게 되고 for문은 random_list[0]부터 100 바로 앞에 있는 random_list[98]까지 반복하게 된다.

9.2 거품 정렬 알고리즘의 실행과 성능

거품 정렬 알고리즘의 성능은 최선/최악은 일반적인 경우에 따라 달라진다. 최선의 경우에는 이미 정렬되어 있는 경우이기 때문에 이동 횟수는 0이지만, 비교 횟수는 (N*N)/2가 된다. 최악의 경우에는 비교 횟수와 이동 횟수가 모두 (N*N)/2가 된다. 따라서, 거품 정렬의 경우에는 비교 횟수나 이동 횟수에서는

(N*N)/2가 되므로 다른 정렬 알고리즘과 비슷하지만 알고리즘 자체의 성능이 다른 정렬 알고리즘에 비해 많이 떨어진다. 그 이유는 거품 정렬 알고리즘이 배열끼리의 비교 및 복사를 계속 반복해서 실행하고 있기 때문이다.

또한 거품 정렬의 알고리즘의 성능을 O 표기법으로 표시하면 $O(N^2)$이 된다.

앞의 시간들은 선택 정렬 프로그램의 절대적인 실행 시간이 될 수 없다.

(1) 시간의 효율성

거품 정렬 알고리즘은 O 표기법에 의하면 $O(N^2)$의 실행 시간을 갖는다. 실행 시간만을 보면 그다지 좋은 정렬 알고리즘이라고는 볼 수 없다. 선택 정렬이나 삽입 정렬의 경우도 $O(N^2)$의 실행 시간을 갖는데 거품 정렬은 알고리즘의 구조상 선택 정렬이나 삽입 정렬보다도 실행 시간을 더 많이 소요한다. 따라서 좋은 알고리즘이라고 볼 수는 없다.

(2) 공간의 효율성

거품 정렬 알고리즘은 배열끼리의 비교 및 데이터 이동을 하고 있기 때문에 공간적인 면에서는 삽입 정렬이나 선택 정렬과 비슷하다.

(3) 코드의 효율성

거품 정렬 알고리즘 코드의 복잡도는 for문을 2번 사용하여 $O(N^2)$의 성능이 되므로 그다지 좋은 알고리즘이라고 보기는 어렵다.

9.3 셸 정렬 알고리즘(Shell Sort Algorithm)

셸 정렬 알고리즘은 기본 구조는 삽입 정렬 알고리즘과 비슷하지만 삽입 정렬 알고리즘의 단점을 극복하기 위해 좀 더 개선된 정렬 알고리즘이다. 셸 정렬 알고리즘의 구조와 성능을 살펴보도록 하자.

셸 정렬 알고리즘의 기본 구조는 삽입 정렬 알고리즘과 같지만 성능면에서는 삽입 정렬 알고리즘과 비교가 되지 않을 정도로 우수하다. 그 이유는 셸 정렬 알고리즘의 특징이 정렬할 데이터를 일정한 구간별로 쪼개서 그 구간 내에서 정렬을 한 후에 구간을 합쳐서 정렬을 하기 때문이다. 다시 말하면 일정 그룹으로 쪼개서 정렬한 후 그룹 내의 정렬이 완료된 후에 전체 정렬을 하기 때문에 비교 횟수나 데이터의 이동 횟수가 훨씬 줄어들게 된다.

다음은 셸 정렬 알고리즘의 전체 소스 코드이다.

```python
#!/usr/bin/python
import random
import time

def shell_sort(random_list):
    h = 1
    while h < len(random_list):
        h = h * 3 + 1
    h = h // 3

    while h > 0:
        for i in range(h):
            start_index = i + h

            while start_index < len(random_list):
                temp = random_list[start_index]
                insert_index = start_index

                while insert_index > h - 1 and random_list[insert_index - h] > temp:
                    random_list[insert_index] = random_list[insert_index - h]
                    insert_index = insert_index - h

                random_list[insert_index] = temp
                start_index = start_index + h
        h = h // 3

if __name__ == '__main__':
    list = []
    input_n = input("정렬할 데이터의 수 : ")
    for i in range(int(input_n)):


        list.append( random.randint(1,int(input_n)) )
    print("〈 정렬 전 〉")
```

```
    print(list)

    start_time = time.time()
    shell_sort(list)
    running_time = time.time() - start_time
    print("〈 정렬 후 〉")
    print(list)

    print("데이터의 크기 : {}".format(int(input_n)))
    print("실행 시간 : {}".format(running_time))
```

먼저 셸 정렬 알고리즘의 실행 결과를 보자.

```
정렬할 데이터의 수 : 100
〈 정렬 전 〉
[16, 56, 64, 13, 5, 56, 15, 98, 70, 99, 97, 16, 31, 62, 13, 57, 6, 87, 56, 76, 94,
35, 86, 66, 78, 45, 65, 99, 98, 12, 31, 40, 8, 51, 14, 90, 3, 18, 87, 85, 80, 42,
57, 67, 80, 85, 1, 50, 13, 82, 10, 52, 46, 4, 61, 31, 71, 99, 88, 10, 8, 6, 68, 79,
73, 62, 74, 6, 32, 98, 8, 21, 25, 37, 14, 2, 14, 66, 27, 7, 60, 79, 24, 34, 57, 29,
19, 19, 35, 9, 100, 13, 82, 1, 40, 33, 63, 4, 61, 71]
〈 정렬 후 〉
[1, 1, 2, 3, 4, 4, 5, 6, 6, 6, 7, 8, 8, 8, 9, 10, 10, 12, 13, 13, 13, 13, 14, 14, 14,
15, 16, 16, 18, 19, 19, 21, 24, 25, 27, 29, 31, 31, 31, 32, 33, 34, 35, 35, 37, 40,
40, 42, 45, 46, 50, 51, 52, 56, 56, 56, 57, 57, 57, 60, 61, 61, 62, 62, 63, 64, 65,
66, 66, 67, 68, 70, 71, 71, 73, 74, 76, 78, 79, 79, 80, 80, 82, 82, 85, 85, 86, 87,
87, 88, 90, 94, 97, 98, 98, 98, 99, 99, 99, 100]
데이터의 크기 : 100
실행 시간 : 0.0

Process finished with exit code 0
```

셸 정렬 알고리즘의 데이터를 초기화하고 화면에 출력하는 부분은 다른 알고리즘과 동일하다. 그럼 셸 알고리즘의 코드를 살펴보자.

```
def shell_sort(random_list):
    h = 1
    while h < len(random_list):
        h = h * 3 + 1
    h = h // 3

    while h > 0:
        for i in range(h):
            start_index = i + h

            while start_index < len(random_list):
                temp = random_list[start_index]
                insert_index = start_index

                while insert_index > h - 1 and random_list[insert_index - h] > temp:
                    random_list[insert_index] = random_list[insert_index - h]
                    insert_index = insert_index - h

                random_list[insert_index] = temp
                start_index = start_index + h
        h = h // 3  # set new h
```

위의 코드를 보면 먼저 첫 번째 while문은 1부터 MAX값까지 변수 h를 3의 배수하여 1을 더한 값으로 증가시켜가면서 MAX보다 작은 값이 될 때까지 반복한다.

위의 결과로 h를 구하고 나면 정렬할 데이터의 총 크기가 100이므로 121이라는 값을 구할 수 있다. 그후에 while문을 반복하는데 먼저 for문은 초기값은 없고 제어 조건이 h가 0보다 큰 경우이다. 현재 변수 h는 121이므로 for문 안으로 들어오게 된다. 그런데 그 바로 다음 행에 있는 for문은 제어 변수 insert_index가 h로 초기화된 후에 MAX값보다 작을 경우 실행하는 부분이다. 현재 h의 값은 121이므로 당연히 변수 insert_index의 값도 121이 되어서 for문은 실행할 수 없게 된다. 다시 for문으로 오면, h/=3에 의해서 현재의 변수 h를 3으로 나누어 그 몫을 다시 변수 h에 저장하게 된다. 현재의 h의 값은 121이므로 h /= 3을 실행하고 난 후의 h의 값은 40이 된다.

그리고 나서 for문은 변수 start_index를 h로 초기화 한 후에 MAX값까지 반복하되 반복할 때마다 1씩 증가하게 된다. 현재의 h값이 40이므로 변수 start_index도 40으로 초기화된다.

random_list[start_index] 값을 가져와서 임시 변수 temp에 저장해놓고, 현재 제어 변수 start_index 를 변수 insert_index에 저장한다. 다시 while문을 반복하되 현재 변수 insert_index가 h-1보다 크며 random_list[insert_index-h]가 임시로 저장해놓은 변수 temp의 값보다 큰 경우에 반복한다.

random_list[insert_index-h]가 변수 temp보다 크고 변수 insert_index가 변수 h보다 같거나 큰 경우에는 random_list[insert_index-h]를 random_list[insert_index]에 대입한다. 현재 변수 h, start_index, insert_index는 모두 40이므로 random_list[insert_index-h]는 random_list[0]이 되고 random_list[0]의 값이 변수 v보다 크면 random_list[0]의 값을 random_list[40]에 대입한다.

그리고, 변수 insert_index -= h를 수행하면 변수 insert_index에서 변수 h를 빼서 다시 insert_index 에 저장하게 되므로 insert_index는 0이 된다.

그 후에 random_list[insert_index]=temp를 실행하면 random_list[0]에 temp 값을 저장하므로 random_list[0] = random_list[40]과 같게 된다.

그리고나서 while문을 다시 실행하면 변수 insert_index가 h보다 작으므로 while문을 빠져나오고 다시 for문을 실행한다.

50행의 for문은 제어 변수 start_index를 하나 증가시키게 되며 결국 이것은 제어 변수 insert_index 를 하나 증가시키는 것과 동일하다. 따라서 for문을 실행할 때는 h는 계속 40이지만 변수 start_index와 insert_index는 41이 된다.

셸 정렬 알고리즘을 좀 더 간단하게 설명하면 예를 들어 100개의 데이터가 있다고 가정해보자. h가 10인 경우에 0, 10, 20, 30 ..., 90의 위치에 있는 데이터들만 뽑아서 정렬을 하고, 그 다음에 다시 1씩 더해서 1, 11, 21, 31.. 91의 위치에 있는 데이터들만 뽑아서 정렬을 한다. 이와 같은 방식으로 9, 19, 29, ... 99까 지 정렬한 후에 h를 줄이게 된다.

바로 이 h값을 얼마나 줄이느냐가 키포인트인데 앞의 소스 코드에서는 3으로 나눈 값을 취한다. 따라서 h는 3이 되고 0, 3, 6, 9, ..., 99까지 다시 정렬을 하고 또 1 증가해서 1, 4, 7, 10... 의 방식으로 정렬을 한다. 1 증가한 값이 3보다 작을 때까지 반복한 후에 다시 h를 3으로 나누어서 1이 되면 0, 1, 2...99를 정렬하는데 이미 h가 1이 되어 있는 경우에는 거의 대부분의 값들이 정렬이 된 상태가 된다. 이와 같이 셸 정렬 알고리즘은 많은 데이터가 있는 경우에 그 데이터를 특정한 조건으로 나누어 분할하여 정렬하게 되는 방식이다.

셸 정렬 알고리즘의 실행과 성능

셸 정렬 알고리즘은 기존에 배운 선택/삽입/거품 정렬 알고리즘에 비해 엄청나게 좋은 성능을 보여주고 있다. 그 이유는 선택/삽입/거품 정렬 알고리즘들이 데이터 하나를 다른 데이터들과 비교하고, 필요에 따라 이동하는 방식을 기본적으로 사용하기 때문에 결국 $O(N^2)$의 성능에서 벗어나기 어려운 반면에, 셸 정렬 알고리즘은 하나의 데이터와 그룹간에 비교 이동을 몇 개의 단계로 나누어서 진행하므로 $O(N(\log_2 N))$ 정도의 성능을 보여주기 때문이다.

결국은 데이터의 비교 횟수와 이동 횟수가 현저하게 줄어든다는 점이 셸 정렬 알고리즘의 속도가 빠른 이유가 된다.

(1) 시간의 효율성

셸 정렬 알고리즘은 O 표기법에 의하면 $O(N(\log_2 N))$의 실행 시간을 갖게 되므로 선택/삽입/거품 정렬이 $O(N^2)$의 실행 시간을 갖는데 비해 월등히 좋은 성능을 보여준다. 실제 다음 장에서 다루게 될 현존하는 가장 빠른 정렬 알고리즘이라는 퀵 정렬과 비교해도 손색이 없을 만큼의 성능을 보여준다.

(2) 공간의 효율성

셸 정렬 알고리즘은 인덱스의 조작만으로 정렬을 하는 독특한 방식이기 때문에 여분의 공간이 필요하거나 불필요한 공간을 사용하지 않는다.

(3) 코드의 효율성

셸 정렬 알고리즘의 가장 큰 문제는 셸 정렬 알고리즘이 이해하기가 그리 쉬운 알고리즘이 아니라는 점이다. 아마 이 책을 읽는 독자들도 셸 정렬 알고리즘의 코드에 대해 어려움을 느꼈을 것이다.

기본 정렬 알고리즘 4가지의 비교

기본 정렬 알고리즘의 마지막으로 이 장에서 다룬 4가지의 알고리즘의 성능을 비교하여 각각의 알고리즘들의 장/단점을 알아보고, 각각의 알고리즘의 특징에 대해 좀 더 자세히 알아보자.

9.5.1 일반적인 경우의 비교

정렬할 데이터를 무작위로 선택하여 정렬하는 경우 가장 성능이 좋은 알고리즘은 셸 정렬 알고리즘이며 가장 성능이 좋지 않은 알고리즘은 거품 정렬 알고리즘이다. 그렇다면 최선의 경우에는 어떻게 달라질까?

최선의 경우에는 약간 양상이 달라진다. 가장 성능이 좋은 것은 역시 셸 정렬 알고리즘이고 가장 성능이 좋지않은 알고리즘은 거품 정렬이지만 일반 모드의 경우에는 선택 정렬이 삽입 정렬보다 성능이 더 좋았는데 최선의 경우에는 그 반대가 된다. 이와 같은 결과가 나타난 이유는 선택 정렬은 주로 비교 횟수가 많이 사용되는 알고리즘이며 이 때문에 최선의 경우처럼 이미 정렬되어 있는 경우에는 상대적으로 이동 횟수가 줄어드는 삽입 정렬 알고리즘이 선택 정렬 알고리즘보다 성능이 좋다.

마지막으로 최악의 경우를 살펴보자.

최악의 경우에는 셸 정렬 알고리즘의 성능이 가장 좋고, 그 다음으로 선택 정렬 알고리즘, 삽입 정렬 알고리즘 마지막으로 거품 정렬 알고리즘의 순서가 된다. 결국 선택 정렬 알고리즘, 삽입 정렬 알고리즘, 거품 정렬 알고리즘의 경우는 O 표기법에서 알 수 있듯이 $O(N^2)$의 성능을 갖고 있으며, 셸 정렬 알고리즘의 경우에는 $O(N(\log_2 N))$의 경우이므로 현격한 성능차이를 보이고 있다.

9.6 정리

지금까지 선택, 삽입, 거품 그리고 셸 정렬 알고리즘에 대해 알아봤다. 이 4가지 정렬 알고리즘들은 기본적인 알고리즘이며 셸 정렬 알고리즘을 제외한 나머지 알고리즘은 $O(N^2)$의 성능을 갖고 있다. 그러나 무조건 셸 정렬 알고리즘이 좋다고만은 볼 수 없으며 각각의 데이터 정렬 조건에 따라 사용해야 할 정렬 알고리즘이 달라질 수 밖에 없다.

퀵/기수 정렬 알고리즘

앞에서 기본적으로 자주 사용되는 정렬 알고리즘 4가지를 배웠다. 이 4가지의 정렬 알고리즘들은 사용 방법이 조금 다를 뿐 기본적인 구조는 거의 동일하다. 이번 Lesson에서 파이썬을 이용하여 퀵/기수 정렬 알고리즘을 구현하는 방법에 대해 배운다.

10.1 퀵 정렬 알고리즘(Quick Sort Algorithm)

퀵 정렬 알고리즘은 이름에서도 알 수 있듯이 현존하는 정렬 알고리즘 중에서 가장 빠르다고 알려져 있는 정렬 알고리즘이다. 어떤 이유로 인해 퀵 정렬 알고리즘이 다른 알고리즘보다 속도면에서 월등하게 우수한지 꼼꼼히 살펴보도록 하자.

퀵 정렬 알고리즘은 1960년에 C.A.R hoare에 의해 처음 소개되었고, 그 이후로도 많은 사람들에 의해 수정되고 보완되어 온 알고리즘이다. 탄생에서부터 지금까지 무려 40년이 넘었음에도 불구하고 현존하는 가장 빠른 정렬 알고리즘으로 손꼽히고 있다.

또한 퀵 정렬 알고리즘은 빠른 속도와 함께 구현하기가 단순하며 사용하는 메모리가 적기 때문에 보통의 경우 정렬 알고리즘을 사용한다고 하면 퀵 정렬 알고리즘을 주로 사용하고 있다. 그렇다면 퀵 정렬 알고리즘이 최고의 정렬 알고리즘일까? 그렇지는 않다. 아무리 좋은 효율을 갖는 알고리즘이라고 할지라도 한, 두 가지 약점이 없을 수는 없다.

이제부터 퀵 정렬 알고리즘이 특징과 장점 그와 함께 잘 알려지지는 않았지만 나름대로의 약점은 무엇인지 살펴보도록 하자.

퀵 정렬 알고리즘의 세부 코드를 보기 전에 퀵 정렬 알고리즘의 기본적인 아이디어부터 짚고 넘어가자.

필자가 제일 좋아하는 한국 영화 중에는 개봉된지 꽤 오래된 영화 중 하나인 '주유소 습격 사건'이라는 좀 색다른 영화가 있다. 이 영화 중에 색다른 배역이 하나 있는데 그 역이 '무대포'라는 역할 이었다. 이 사람의 유명한 대사가 있는데 그 대사가 바로 "난 한 놈만 패"라는 대사다.

뜬금없이 퀵 정렬 알고리즘 얘기하다가 무슨 영화 얘기냐고 생각하겠지만 퀵 정렬 알고리즘의 아이디어는 바로 이 "한 놈"에서부터 시작한다.

앞에서 배운 4가지의 간단한 정렬 알고리즘의 기본 개념은 최소한 2번의 반복을 통해 정렬을 한다는 점이다. 정렬 조건과 데이터의 양에 따라서 성능의 차이는 좀 있지만 기본 과정은 언제나 2번의 반복을 사용한다는 것이다.

그에 비해 퀵 정렬 알고리즘은 한 번의 반복만을 사용한다는 점이 좀 다르다.

그럼 어떻게 한 번의 반복만으로 데이터를 정렬할 수 있을까? 그것이 바로 정렬할 기준이 되는 "한 놈"을 선택하기 때문이다. 다음 그림을 살펴보자.

아래 그림은 총 8개의 데이터로 우리가 정렬할 데이터의 모습이다.

▲ 아직 정렬 되어 있지 않은 데이터들

아직 정렬되어 있지 않은 데이터들이 위와 같이 8개가 있다. 퀵 정렬 알고리즘의 기본 개념은 이 중에 하나를 선택해서 이것을 기준으로 양쪽으로 편을 가른다는 점이다. 문세는 그 하나를 어떻게 선택하느냐가 문제이고 또 그 선택 방법에 따라서 퀵 정렬 알고리즘의 전체 성능을 좌우한다.

그러나 여기서는 편의상 가운데 있는 하나를 선택해서 기준으로 선택해보도록 하자.

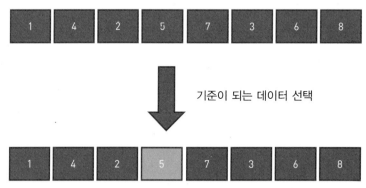

▲ 기준이 되는 데이터의 선택

위의 그림과 같이 정 가운데를 기준이 되는 데이터로 선택하고 기준 데이터의 왼쪽 부분을 왼쪽 팀(Left Team), 오른쪽 부분을 오른쪽 팀(Right Team)으로 설정한다.

여기서 팀(team)이란 표현은 필자가 임의로 붙인 이름이다.

자. 지금부터가 퀵 정렬 알고리즘의 백미이다. 왼쪽 팀의 가장 선두를 왼쪽 팀장으로 하고, 오른쪽 팀의 가장 오른쪽 데이터를 오른쪽 팀장으로 선택하고 왼쪽 팀과 오른쪽 팀의 데이터와 기준이 되는 가운데 데이터를 비교해서 기준이 되는 데이터보다 작으면 왼쪽으로 이동, 기준이 되는 데이터보다 크면 오른쪽 팀으로 이동한다. 그 과정을 모두 끝내면 아마 다음과 같이 된다.

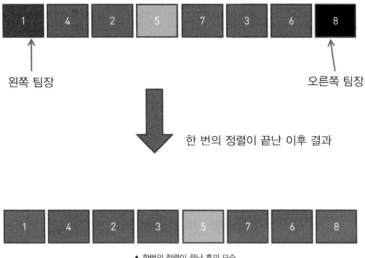

▲ 한번의 정렬이 끝난 후의 모습

위의 그림을 보면 기준이 되는 데이터의 왼쪽에는 기준 데이터보다 작은 데이터들이 모여있게 되고, 오른쪽에는 기준 데이터보다 큰 데이터들이 모여 있게 된다. 그리고 아래 그림과 같이 왼쪽 팀에서 다시 가운데를 기준이 되는 데이터로 선택하고 오른쪽도 마찬가지로 가운데를 기준이 되는 것으로 선택한다.

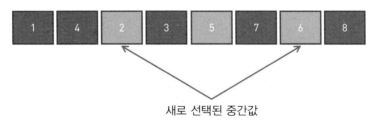

▲ 왼쪽과 오른쪽 팀에서 기준이 되는 데이터의 선택

그 다음부터는 동일하다. 왼쪽 팀에서 기준이 되는 데이터는 '2'가 되며 그 왼쪽과 오른쪽 데이터들을 기준이 되는 데이터 '2'와 비교하여 '2'보다 작은 데이터를 왼쪽으로, '2'보다 큰 데이터를 '2'의 오른쪽으로 이동시킨다.

오른쪽 팀도 마찬가지이다. '6'과 비교해서 '6'보다 큰 데이터는 '6'의 오른쪽으로 '6'보다 작은 데이터는

'6'의 왼쪽으로 이동시킨다.

이러한 과정을 전체 데이터가 모두 정렬될 때까지 반복하면 퀵 정렬 알고리즘이 종료하게 된다.

다음은 퀵 정렬 알고리즘의 전체 소스 코드이다.

```python
#!/usr/bin/python
import random
import time

compare_counter = 0
swap_counter = 0

def swap(x, i, j):
    x[i], x[j] = x[j], x[i]

def pivotFirst(x, lmark, rmark):
    pivot_val = x[lmark]
    pivot_idx = lmark
    while lmark <= rmark:
        while lmark <= rmark and x[lmark] <= pivot_val:
            lmark += 1
        while lmark <= rmark and x[rmark] >= pivot_val:
            rmark -= 1
        if lmark <= rmark:
            swap(x, lmark, rmark)
            lmark += 1
            rmark -= 1
    swap(x, pivot_idx, rmark)
    return rmark


def quickSort(x, pivotMethod=pivotFirst):
    def _qsort(x, first, last):
        if first < last:
            splitpoint = pivotMethod(x, first, last)
            _qsort(x, first, splitpoint-1)
            _qsort(x, splitpoint+1, last)
```

```
    _qsort(x, 0, len(x)-1)

if __name__ == '__main__':
    list = []
    input_n = input("정렬할 데이터의 수 : ")
    for i in range(int(input_n)):
        list.append( random.randint(1,int(input_n)) )
    print("〈 정렬 전 〉")
    print(list)

    start_time = time.time()
    quickSort(list)
    running_time = time.time() - start_time

    print("〈 정렬 후 〉")
    print(list)
```

위의 프로그램 코드는 약 2/3 정도는 이전 Lesson에서 배운 4가지의 정렬 알고리즘에서 사용한 함수들과 동일하다. 퀵 정렬 함수의 내부를 살펴보기 전에 위의 프로그램을 실행시키면 제대로 정렬이 되는지 확인해보자. 다음은 퀵 정렬 프로그램의 실행 결과이다.

```
정렬할 데이터의 수 : 100
〈 정렬 전 〉
[67, 70, 38, 17, 11, 85, 40, 93, 10, 20, 97, 25, 93, 70, 38, 35, 96, 82, 73, 26, 75,
50, 12, 92, 25, 95, 44, 80, 92, 33, 81, 65, 35, 81, 88, 1, 67, 28, 28, 4, 59, 27,
59, 36, 44, 43, 63, 60, 55, 32, 30, 12, 74, 97, 26, 94, 3, 48, 6, 6, 53, 8, 97, 87,
62, 47, 85, 85, 8, 7, 100, 73, 17, 99, 72, 50, 100, 47, 88, 63, 67, 51, 46, 12, 25,
21, 30, 67, 59, 38, 42, 77, 69, 98, 70, 43, 13, 75, 56, 38]
〈 정렬 후 〉
[1, 3, 4, 6, 6, 7, 8, 8, 10, 11, 12, 12, 12, 13, 17, 17, 20, 21, 25, 25, 25, 26, 26,
27, 28, 28, 30, 30, 32, 33, 35, 35, 36, 38, 38, 38, 38, 40, 42, 43, 43, 44, 44, 46,
47, 47, 48, 50, 50, 51, 53, 55, 56, 59, 59, 59, 60, 62, 63, 63, 65, 67, 67, 67, 67,
69, 70, 70, 70, 72, 73, 73, 74, 75, 75, 77, 80, 81, 81, 82, 85, 85, 85, 87, 88, 88,
92, 92, 93, 93, 94, 95, 96, 97, 97, 97, 98, 99, 100, 100]

Process finished with exit code 0
```

이 퀵 정렬 함수는 기존의 다른 정렬 함수와는 달리 재귀 호출을 사용하고 있다. 재귀 호출을 사용하지 않고도 퀵 정렬 함수의 구현이 가능하긴 하지만 퀵 정렬의 특성상 재귀 호출을 사용하는 것이 훨씬 간단하다.

퀵 정렬 알고리즘의 기본 구조는 한 놈을 골라서 그 놈을 기준으로 양쪽으로 나눠서 데이터를 정렬하는 방법이다. 또한 가르고 나서 다시 왼쪽 데이터들은 왼쪽대로, 오른쪽 데이터들은 오른쪽대로 나눠서 퀵 정렬 함수를 진행한다.

이러한 구조가 기본 구조이기 때문에 퀵 정렬 알고리즘은 재귀 호출을 사용하는 것이 더 간단하다.

```python
def quickSort(x, pivotMethod=pivotFirst):
    def _qsort(x, first, last):
        if first < last:
            splitpoint = pivotMethod(x, first, last)
            _qsort(x, first, splitpoint-1)
            _qsort(x, splitpoint+1, last)
    _qsort(x, 0, len(x)-1)
```

일단 퀵 정렬 함수는 3개의 매개 변수를 사용한다. 첫 번째는 정렬할 데이터들이 저장되어 있는 리스트인 list이고, 두 번째는 왼쪽 인덱스를 가리키는 first, 마지막으로는 오른쪽 인덱스를 가리키는 last이다.

먼저 퀵 정렬 함수가 실행되면 변수 first가 변수 last보다 작은가를 검사한다. 이 부분이 퀵 정렬 함수가 재귀 호출될 때 재귀 호출을 끝내는 조건이 된다. first가 last보다 작으면 주어진 데이터를 2개의 팀으로 나누는 역할을 하는 pivotMethod() 함수를 호출하여 중간값인 splitpoint를 구한다. 그리고 나서 왼쪽 팀은 first와 splitpoint-1의 구간으로, 오른쪽 팀은 splitpoint+1과 last의 구간으로 새로운 정렬 범위를 설정한다.

지금까지 본 대로 퀵 정렬 알고리즘은 반복문을 하나만 사용하는 대신에 재귀 호출을 사용하여 데이터를 2개의 그룹으로 분할하여 정렬을 하는 방법을 사용한다.

이러한 알고리즘을 분할 정복(Divide and Conquer) 알고리즘이라고 말한다.

퀵 정렬 알고리즘의 특징은 앞에서도 누누히 얘기했지만 데이터를 쪼개어 각각을 정렬하는 방식을 취한다는 점이다. 이러한 특징은 퀵 정렬 알고리즘의 성능을 O(N * logN)이 되게끔 한다.

실제로 그렇게 되는지 계산해보도록 하자.

N개의 데이터가 있다고 가정해보자. 또한 데이터들을 분할할 때 일반적으로 N/2 정도로 분할된다고 가정해보자. 이 때 소요되는 시간을 T(N)이라고 하면 재귀 호출을 하는 퀵 정렬 함수에서 첫 번째 퀵 정렬 함수가 실행되면 다음과 같은 식이 될 수 있다.

$$T(N) -> cN + 2T(N/2) \text{ (c는 상수)}$$

위의 식이 의미하는 것은 N개의 데이터를 정렬하는데 걸리는 시간 T(N)은 cN이라는 상수값, 즉 한 번 퀵 정렬 함수를 실행했을 때 소요되는 정렬 시간과 그 데이터들을 2개로 쪼개어있을 때 걸리는 시간을 더한 값과 같거나 작다는 의미이다.

또한 위의 식을 퀵 정렬 함수가 두 번째 실행되면 다음과 같은 식이 된다.

$$O(T(N)) = O(N * \log N)$$

이것은 퀵 정렬 알고리즘의 경우 일반적인 데이터의 집합이라면 데이터를 쪼갤 때 대부분 거의 반으로 쪼개진다는 것을 의미한다. 그에 비해서 이미 데이터가 정렬되어 있는 최선의 경우나 데이터가 역으로 정렬되어 있는 경우인 최악의 경우는 오히려 성능이 많이 떨어지는 것을 알 수 있다.

실제로 퀵 정렬 알고리즘이 일반적인 경우에는 O(NlogN)의 성능을 보여주지만, 최악의 경우에는 O(N^2)의 성능이 되기 때문에 앞에서 배운 4가지 알고리즘과 별반 차이가 없게 된다.

보통 무조건 제일 빠른 정렬 알고리즘이라고 생각하기 쉬운데 반드시 모든 경우에 해당되는 것은 아니라는 사실을 기억하자.

(1) 시간의 효율성

퀵 정렬 알고리즘은 O 표기법에 의하면 O(NlogN)의 실행 시간을 갖는다. 다른 정렬 알고리즘들이 O(N^2)의 실행 시간을 갖는데 비해서 보면 상당히 빠른 정렬 알고리즘이다. 그러나 일반적인 경우에는 빠를지 몰라도 최악의 경우와 같이 이미 정렬이 되어 있는 상태에서는 아무리 퀵 정렬 알고리즘이라고 할지라도 기존의 정렬 알고리즘과 동일하게 O(N^2)의 시간 복잡도를 갖게 된다.

(2) 공간의 효율성

퀵 정렬 알고리즘의 경우는 사실 정렬을 하기 위한 별도의 저장 공간이 필요가 없다. 그런 점에서는 뛰어난 알고리즘이라고 할 수 있다.

(3) 코드의 효율성

퀵 정렬 알고리즘은 보통의 경우 재귀 호출을 사용한다. 재귀 호출을 사용하게 되면 코드의 길이가 짧아지고 컴팩트(compact)하다는 장점이 있는 반면에, 디버깅이 어렵고 코드를 이해하기가 좀 어려워진다는 단점이 있다. 그러한 단점을 피하기 위해 재귀 호출을 사용하지 않고 스택을 사용하여 퀵 정렬 알고리즘을 구현할 수도 있다.

10.3 기수 정렬 알고리즘(Radix Sort Algorithm)

십여 개나 되는 정렬 알고리즘 중에서 필자 개인적인 생각으로 아이디어가 가장 돋보이는 정렬은 바로 이 기수 정렬 알고리즘이다. 기수 정렬이란 정렬할 데이터의 자릿수를 이용하여 데이터를 정렬하는 방법이다. 자 그럼 기술 정렬 알고리즘이 어떤 방식으로 동작하는 알고리즘인지 살펴보도록 하자.

기수 정렬 알고리즘의 기본 개념은 자릿수로 데이터를 정렬한다는 것이다. 자릿수로 정렬한다고 하면 아마 이해를 못하는 독자들이 많겠지만 다음과 같이 10개의 데이터가 존재한다고 가정해보자.

▲ 아직 정렬되지 않은 데이터들

위의 그림과 같이 정렬되어 있지 않은 데이터를 다음의 그림과 같이 정렬한다.

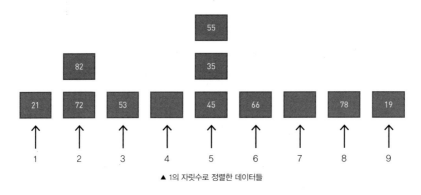

▲ 1의 자릿수로 정렬한 데이터들

위의 결과를 보면 10의 자릿수와 1의 자릿수 중에서 1의 자릿수에 대해 정렬하고 있음을 알 수 있다. 예를 들어 '21'의 경우는 1의 자리가 '1'이 되므로 '1'의 자리로 정렬을 하고 '72'와 '82'는 '2'의 자리이므로 '2'의 자리에 정렬을 한다. 이와 같이 모든 데이터들을 가장 아래의 자릿수에 따라서 정렬을 한다.

일단 위와 같이 일의 자릿수로 정렬한 데이터를 다음 그림과 같이 일렬로 배열한다.

▲ 1의 자릿수로 정렬된 데이터

이제 다시 위의 데이터들을 10의 자리로 정렬해보자.

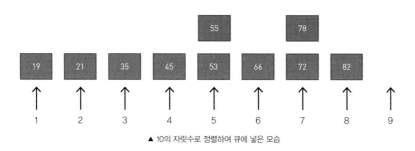

▲ 10의 자릿수로 정렬하여 큐에 넣은 모습

위와 같이 정렬되게 된다. 이제 다시 위 데이터를 하나씩 꺼내어 일렬로 만들면 다음과 같이 된다.

▲ 완전히 정렬된 데이터

이제 여러분들은 기수 정렬(Radix Sort)에 대한 기본적인 개념을 모두 배웠다. 그럼 본격적으로 소스 코드를 보면서 분석해보도록 하자.

다음은 기수 정렬 프로그램의 전체 코드이다.

```python
from math import log10
from random import randint

def get_digit(number, base, pos):
    return (number // base ** pos) % base

def prefix_sum(array):
    for i in range(1, len(array)):
        array[i] = array[i] + array[i-1]
    return array

def radixsort(l, base=10):
    passes = int(log10(max(l))+1)
    output = [0] * len(l)

    for pos in range(passes):
        count = [0] * base

        for i in l:
            digit = get_digit(i, base, pos)
            count[digit] +=1

        count = prefix_sum(count)

        for i in reversed(l):
            digit = get_digit(i, base, pos)
            count[digit] -= 1
            new_pos = count[digit]
            output[new_pos] = i

        l = list(output)
    return output
if __name__ == '__main__':
    l = []
    l = [ randint(1, 99999) for x in range(100) ]
    print("〈 정렬 전 〉")
```

```
        print(l)

        sorted = radixsort(l)
        print("〈정렬 후〉")
        print(sorted)
```

위의 기수 정렬 프로그램을 출력하면 다음과 같은 결과를 얻을 수 있다.

```
〈정렬 전〉
[37639, 96366, 30337, 98432, 40399, 44883, 82664, 4652, 24819, 56693, 82289,
12732, 34181, 37979, 67935, 48114, 96254, 4534, 74848, 78864, 66024, 79064,
91799, 10309, 31714, 32658, 16101, 51986, 20163, 73992, 94839, 5997, 65809,
20405, 2284, 26265, 72474, 22429, 85144, 81271, 96, 75168, 68518, 85327, 92701,
57917, 62773, 68584, 85928, 43386, 7856, 54439, 42936, 17268, 6809, 6449, 1658,
94253, 33139, 74023, 65618, 52753, 20005, 36803, 3307, 6931, 87228, 88098,
89492, 77516, 60570, 15713, 14070, 71555, 59348, 28718, 64274, 32889, 11222,
50574, 91642, 9571, 91258, 30141, 87534, 10558, 89908, 44844, 45555, 3258,
56754, 86820, 99341, 70920, 30908, 55509, 11292, 89479, 15382, 58229]
〈정렬 후〉
[96, 1658, 2284, 3258, 3307, 4534, 4652, 5997, 6449, 6809, 6931, 7856, 9571,
10309, 10558, 11222, 11292, 12732, 14070, 15382, 15713, 16101, 17268, 20005,
20163, 20405, 22429, 24819, 26265, 28718, 30141, 30337, 30908, 31714, 32658,
32889, 33139, 34181, 36803, 37639, 37979, 40399, 42936, 43386, 44844, 44883,
45555, 48114, 50574, 51986, 52753, 54439, 55509, 56693, 56754, 57917, 58229,
59348, 60570, 62773, 64274, 65618, 65809, 66024, 67935, 68518, 68584, 70920,
71555, 72474, 73992, 74023, 74848, 75168, 77516, 78864, 79064, 81271, 82289,
82664, 85144, 85327, 85928, 86820, 87228, 87534, 88098, 89479, 89492, 89908,
91258, 91642, 91799, 92701, 94253, 94839, 96254, 96366, 98432, 99341]

Process finished with exit code 0
```

앞의 결과를 보면 실제로 기수 정렬 알고리즘이 우리가 배운 대로 동작하고 있음을 알 수 있다.

여러분들이 기수 정렬 알고리즘에 대해 알아야 할 것은 자릿수로 데이터들을 정렬하기 때문에 데이터들을 비교하거나 이동하는 횟수가 거의 없다는 점이다.

기수 정렬 알고리즘의 특징은 정렬할 데이터의 자릿수에 따라 결정된다. 기수 정렬 알고리즘에 대해서 설명할 때도 언급했듯이 기수 정렬의 알고리즘의 성능은 자릿수와 정렬할 데이터의 수 그리고 각 자릿수에 따른 큐의 수에 따라 좌우된다.

따라서 기수 정렬의 경우는 데이터의 자릿수 D와 정렬할 데이터 수 N 그리고 그에 해당하는 큐의 수 Q 가 있다고 가정할 때 다음과 같은 알고리즘 성능을 갖게 된다.

$$O(RadixSort) = O(D(N + Q))$$

따라서 비교 횟수나 이동 횟수가 데이터의 정렬된 상태와 상관없이 데이터의 수 + 큐의 수와 더불어 데이터의 자릿수에 의해 영향을 받게 된다.

결국 기수 정렬 알고리즘의 앞부분 설명에서 제시한 100보다 작은 숫자의 정렬의 경우에는 자릿수 D는 1의 자리, 10의 자리가 되어 총 2가 되지만 이진수로 표현하는 경우에는 그 수가 급격이 증가되므로 알고리즘의 전체 성능이 저하되는 단점이 생긴다.

그럼에도 불구하고 이진수 표현법을 사용하는 것은 이미 설명했듯이 모든 데이터에 대한 저리를 원활하게 하기 위한 점이 가장 크고, 두 번째는 이진수로 표현하는 경우 프로그램 코드에서 비트 연산을 사용할 수 있으므로 한 번의 연산속도는 비트 연산이 훨씬 빠르다.

(1) 시간의 효율성

기수 정렬 알고리즘은 O(D(N + Q))의 성능을 갖고 있다. 따라서 기수 정렬 알고리즘의 성능을 향상시키는 조건은 딱 2가지이다. 데이터의 수가 적거나 정렬할 데이터의 자릿수가 적은 경우이다.

(2) 공간의 효율성

기수 정렬 알고리즘은 공간의 효율성이 가장 안좋은 정렬 알고리즘 중의 하나이다. 그 이유는 정렬할 데이터 공간 이외에 별도의 큐를 위한 공간을 확보해야 하기 때문이다. 이와 같이 메모리를 많이 소비하는 알고리즘은 아무리 정렬 속도가 빠르다고 해도 그다지 좋은 알고리즘이라고 보기 어렵다.

(3) 코드의 효율성

기수 정렬 알고리즘의 코드는 그다지 복잡하지 않다. 하지만 10진수의 경우에는 그다지 복잡하지 않아도 이진수로 데이터를 정렬하는 방법을 사용하면 비트 연산이 포함되기 때문에 코드 내용이 상당히 어려워진다.

이번 Lesson에서는 고급 정렬 알고리즘의 대표주자인 퀵 정렬 알고리즘과 조금 색다른 정렬 방법을 사용하는 기수 정렬 알고리즘에 대해 알아보았다. 퀵 정렬 알고리즘은 알고리즘 이름에서도 알 수 있듯이 가장 빠른 실행 속도를 보여주는 알고리즘이며 따라서 많은 프로그램에서도 퀵 정렬 알고리즘을 사용하고 있다.

기수 정렬 알고리즘은 기존의 정렬 알고리즘 들이 데이터가 정렬되어 있는 패턴에 따라 성능이 좌우되는데 반해 데이터의 패턴과는 상관없이 정렬된다는 특징이 있다.

병합/힙 정렬 알고리즘

이번 Lesson에서는 고급 정렬의 마지막에 해당하는 병합 정렬 알고리즘과 힙 정렬 알고리즘에 대해서 살펴보도록 하자. 지금까지 배운 여러 가지 정렬 알고리즘 이외에도 많은 정렬 알고리즘이 있고 지금도 계속 새로운 정렬 알고리즘이 만들어지고 있지만 아직까지 검증되지 않은 알고리즘을 배우는 것보다는 검증된 알고리즘을 배우는 것이 훨씬 좋다. 병합 정렬 알고리즘과 힙 정렬 알고리즘은 고급 정렬 알고리즘이라는 이름에 걸맞게 구조가 조금 복잡하다.

11.1 병합 정렬 알고리즘(Merge Sort Algorithm)

기존의 정렬 알고리즘과는 달리 병합 정렬 알고리즘은 이미 정렬되어 있는 데이터들을 하나로 합쳐서 정렬하는 방법이다. 이러한 정렬 방법은 데이터들을 정렬하는 경우에도 사용되지만 파일에 정렬되어 있는 데이터들을 하나로 합쳐서 정렬하는 경우에도 종종 사용되는 정렬 알고리즘이다.

11.1.1 병합 정렬 알고리즘

80년대 중반 정도에 '007'영화나 그와 비슷한 첩보 영화를 본 사람들이라면 첨단 과학 기지나 컴퓨터 센터 등에서 사용했던 테입 드라이버를 기억할 것이다.

근래의 영화에서는 잘생긴 첩보원이 손바닥만한 CD나 그 보다 더 작은 메모리 스틱 같은 것을 사용하여 적군의 데이터를 살짝 빼오지만 80년대 영화만봐도 데이터를 들고 오려면 소형 자동차 바퀴만한 테입 드라이브를 들고 나와야 했다.

병합 정렬 알고리즘을 얘기하면서 뜬금없이 첩보 영화 얘기를 해서 의아해하겠지만 우리가 지금부터 다루게 될 병합 정렬 알고리즘이 탄생하게 된 배경이 바로 이 테입 드라이브에 있다.

하드디스크의 용량이 턱없이 부족하고 지금처럼 CDRW나 DVD-R과 같은 대용량의 데이터 저장 장치가 없었던 시절에는 유일한 데이터 백업 장치가 바로 테입 드라이브였다.

테입 드라이브의 특징은 데이터를 처음부터 순차적으로 읽어야 한다는 점이다. 그 당시의 어떤 저장 장치보다 많은 데이터를 저장할 수 있었지만 순차적인 방식으로만 사용이 가능하기 때문에 이 테입 드라이브 안에 저장된 데이터들을 정렬한다는 것은 보통 어려운 일이 아니다.

바로 이러한 테입 드라이브의 제약점으로 인해 지금부터 다루게 될 병합 정렬 알고리즘이 탄생하게 된 것이다.

결국 병합 정렬 알고리즘의 특징은 이미 정렬되어 있는 데이터의 그룹 혹은 묶음들을 하나로 합칠 때 사용하는 방법이 된다.

다음의 그림을 보면 더 쉽게 이해가 길 것이다.

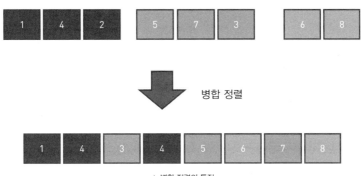

▲ 병합 정렬의 특징

위의 그림이 병합 정렬 알고리즘의 모든 것이다. 그림을 설명하면 먼저 3개의 테입 드라이브가 있다고 가정해보자. 첫 번째 테입 드라이브인 Tape1에는 1, 4, 2이라는 데이터가 저장되어 있고, 두 번째 테입 드라이브인 Tape2에는 5, 7, 3이라는 데이터가 저장되어 있다. 마지막으로 테입 드라이브인 Tape3에는 6, 8이라는 데이터가 저장되어 있다. 이렇게 3개의 서로 다른 테입 드라이브에 저장되어 있는 데이터들을 읽어서 하나의 테입 드라이브로 합쳐 놓은 것이 바로 Tape4가 되는 것이다.

병합 정렬 알고리즘은 바로 이러한 작업을 하는 알고리즘이 된다.

위의 그림과 같이 3개의 서로 다른 데이터 그룹을 하나로 합치는 병합 정렬 알고리즘을 3-way 병합 정렬 알고리즘이라고 하며, 보통의 경우 자주 사용되는 것은 2개의 데이터 그룹을 하나로 합치는 2-way 병합 정렬 알고리즘이다. 사실상 2개나 3개나 알고리즘이 크게 달라지는 것은 아니기 때문에 이 책에서는 2-way 병합 정렬 알고리즘의 경우만 살펴보도록 하자.

여기서 한가지! 이 책을 이 정도 읽은 독자들이라면 이 시점에서 다음과 같은 질문이 한번 정도는 나와 주어야 한다.

"그렇다면 병합 정렬 알고리즘은 기존의 정렬 알고리즘처럼 하나의 리스트에 저장되어 있는 데이터들을 정렬할 때는 사용하지 못하는 건가요?"

과연 그럴까? 만약 이 말이 사실이라면 병합 정렬 알고리즘은 이 책에 고급 정렬 알고리즘이라는 이름으로 올라오지도 못했을 것이다.

그렇다면 하나의 리스트에 저장되어 있는 정렬되지 않는 데이터들을 병합 정렬 알고리즘을 사용하는 경우에는 어떤 방식으로 정렬이 되는지 알아보도록 하자. 바로 이 점이 병합 정렬 알고리즘이 이 책의 후반부에 설명하는 이유이기도 하다.

다음 그림과 같이 정렬되지 않은 데이터들이 있다고 가정해보자.

▲ 정렬되어 있지 않은 데이터

병합 정렬 알고리즘은 위의 그림과 같이 정렬되어 있지 않은 데이터들을 정렬하기 위해서 그룹으로 묶는다. 다시 말하면 하나의 데이터 리스트를 여러 개로 쪼갠다.

2-way 방식에서는 2개씩 그룹으로 묶는 것이다.

▲ 2-way 방식으로 2개씩 그룹으로 묶은 데이터

위와 같이 병합 정렬 알고리즘에서 병합을 하기 위한 데이터를 런(RUN)이라고 표현한다.

위의 그림에서 보면 '1'과 '4'은 하나의 런이 되고, 맨 마지막에 있는 '6'과 '8'도 하나의 런이 된다. 일단 2개씩 데이터들이 묶이고 나면 본격적으로 그 그룹 내에서 정렬이 시작된다. 현재는 하나의 런 안에 데이터가 2개밖에 없으므로 2개의 값을 비교해서 크기 순서대로 정렬을 하게 된다.

위의 그림에서 정렬을 하게 되면 다음과 같은 결과가 된다.

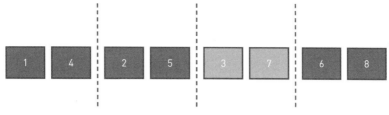

▲ 런에서 정렬한 이후의 데이터

일단 위의 데이터에서는 데이터 '3'과 '7'의 위치가 변경됐다. 그 다음에는 2개의 런을 묶어서 하나의 런으로 합치는 정렬을 하게 된다. 바로 이 부분이 병합 정렬 알고리즘의 핵심이 된다. 일단 2개의 런을 묶어서 정렬을 하게 되면 다음과 같은 결과가 된다.

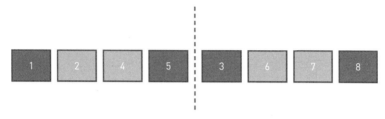

▲ 2개의 런을 정렬한 이후의 데이터

이 다음부터는 모든 데이터가 하나의 런으로 합쳐질 때까지 반복하게 된다. 위의 그림에서 다시 2개의 런을 합치면 최종적으로 정렬된 결과를 얻을 수 있는데 다음 그림과 같이 된다.

▲ 최종적으로 정렬한 이후의 데이터

병합 정렬의 키포인트는 1부터 2의 배수로 하나의 런에 들어가는 데이터의 수를 늘려서 병합하는 과정을 반복한다는 점이다. 이와 같이 반복하여 병합하게 되면 결국 전체 데이터를 모두 정렬하게 되는 결과를 얻을 수 있다.

자 그렇다면 병합 정렬 알고리즘의 전체 코드를 살펴보자.

```python
#!/usr/bin/python
from math import log10
from random import randint

def merge_sort(mylist):
    if len(mylist) <= 1: return mylist
    half = len(mylist) // 2
    left_list = merge_sort(mylist[:half])
    right_list = merge_sort(mylist[half:])
    merged_list = []

    while len(left_list) > 0 and len(right_list) > 0:
        if left_list[0] > right_list[0]:
            merged_list.append(right_list[0])
            right_list.pop(0)
        else:
            merged_list.append(left_list[0])
            left_list.pop(0)
    if len(left_list) > 0: merged_list += left_list
    if len(right_list) > 0: merged_list += right_list
    return merged_list

if __name__ == '__main__':
    data = []
    input_n = input("정렬할 데이터의 수 : ")
    data = [ randint(1, 99999) for x in range(int(input_n)) ]

    print("〈 정렬 전 〉")
    print(data)


    sorted_data = merge_sort(data)

    print("〈 정렬 후 〉")
    print(sorted_data)
```

앞의 프로그램 코드는 난수를 발생시키는 함수와 리스트에 있는 데이터들을 화면에 보여주는 함수 등은 앞에서 배운 정렬 알고리즘에서 사용한 함수들과 동일하다. 우리가 주의 깊게 살펴봐야 할 함수는 merge_sort()라고 하는 병합 정렬 함수이다.

병합 정렬 함수의 내부를 살펴보기 전에 위의 프로그램을 실행시키면 제대로 정렬이 되는지 확인해보자. 다음은 병합 정렬 프로그램의 실행 결과이다.

```
정렬할 데이터의 수 : 100
〈 정렬 전 〉
[64359, 65657, 62043, 61428, 71048, 83713, 87922, 43914, 4150, 15484, 75690,
37677, 4025, 52330, 39973, 5473, 86939, 15610, 98818, 17031, 22193, 81037,
60088, 85543, 17499, 54669, 46688, 71902, 87625, 83447, 1576, 31560, 22412,
9556, 14560, 54535, 65913, 73369, 34530, 84960, 36933, 38113, 69833, 35391,
75871, 1997, 8646, 98731, 43019, 43397, 34275, 50529, 70841, 50369, 16196,
92539, 72870, 91887, 32482, 62756, 57555, 26141, 78755, 58770, 50473, 19198,
86140, 1567, 76943, 11637, 25567, 95409, 15865, 35054, 50159, 33153, 80517,
54743, 30168, 20664, 73234, 1561, 25152, 4917, 53952, 68712, 48916, 44767,
25253, 582, 65285, 69937, 2263, 51662, 31518, 63203, 90222, 1352, 64752, 42089]
〈 정렬 후 〉
[582, 1352, 1561, 1567, 1576, 1997, 2263, 4025, 4150, 4917, 5473, 8646, 9556,
11637, 14560, 15484, 15610, 15865, 16196, 17031, 17499, 19198, 20664, 22193,
22412, 25152, 25253, 25567, 26141, 30168, 31518, 31560, 32482, 33153, 34275,
34530, 35054, 35391, 36933, 37677, 38113, 39973, 42089, 43019, 43397, 43914,
44767, 46688, 48916, 50159, 50369, 50473, 50529, 51662, 52330, 53952, 54535,
54669, 54743, 57555, 58770, 60088, 61428, 62043, 62756, 63203, 64359, 64752,
65285, 65657, 65913, 68712, 69833, 69937, 70841, 71048, 71902, 72870, 73234,
73369, 75690, 75871, 76943, 78755, 80517, 81037, 83447, 83713, 84960, 85543,
86140, 86939, 87625, 87922, 90222, 91887, 92539, 95409, 98731, 98818]

Process finished with exit code 0
```

예상했던 대로 정렬의 결과는 이전 정렬 알고리즘과 동일하다.

병합 정렬 알고리즘은 이미 앞의 알고리즘 설명에서 다룬대로 데이터들을 런으로 쪼개어 정렬한 후에 병합하는 방식을 사용한다. 따라서 병합 정렬 알고리즘 역시 앞에서 다룬 퀵 정렬 알고리즘과 비슷하게 재귀 호출을 사용하면 간단해진다. 앞의 merge_sort() 함수에서 매개 변수로 사용하는 data는 실제 데이터들이 저장되어 있는 리스트를 의미하며, left_list는 각 런의 가장 왼쪽 데이터를 의미하며, right_list는 오른쪽 데이터를 가리키고 있다.

```
half = len(mylist) // 2
left_list = merge_sort(mylist[:half])
right_list = merge_sort(mylist[half:])
```

주어진 데이터인 mylist를 절반으로 나누고, 중간값인 half를 기준으로 좌측 데이터와 우측 데이터로 나누어서 다시 merge_sort()를 호출하기 때문에 결국 최소한의 데이터를 갖는 런이 될 때까지 재귀 호출이 된다.

일단 재귀 호출을 통해 가장 작은 단위의 런까지 실행하고 나서 재귀 호출을 빠져나오게 되면 다음의 코드를 실행한다.

```
while len(left_list) > 0 and len(right_list) > 0:
    if left_list[0] > right_list[0]:
        merged_list.append(right_list[0])
        right_list.pop(0)
    else:
        merged_list.append(left_list[0])
        left_list.pop(0)
    if len(left_list) > 0: merged_list += left_list
    if len(right_list) > 0: merged_list += right_list
    return merged_list
```

위의 while문은 재귀 호출로 merge_sort()를 실행한 후에 left_list나 right_list에 데이터가 남아 있다면, 그 데이터는 이미 정렬된 상태로 남아 있기 때문에 최종적으로 정렬된 리스트에 해당하는 merged_list에 추가해준다.

이 과정이 끝나면 최종적으로 데이터가 정렬된 merged_list를 리턴하면 된다.

그렇다면 병합 정렬 알고리즘의 성능에 대해서 좀 알아보도록 하자.

11.1.2 병합 정렬 알고리즘의 분석

병합 정렬 알고리즘의 성능은 수치적으로만 보면 퀵 정렬 알고리즘과 비슷하다. 그 이유는 퀵 정렬 알고리즘이나 병합 정렬 알고리즘이나 모두 데이터를 분할한 후에 재귀 호출을 사용하고 있기 때문이다. 예를 들어 병합 정렬 알고리즘에서 정렬할 데이터가 N개라고 가정하면 알고리즘은 데이터가 1개인 경우부터 시작해서 2개, 4개, 8개...와 같은 크기로 증가하게 된다. 결국 데이터를 분할하는데 걸리는 시간은 $\log_2 N$이 된다. 일단 분할한 후에 2개의 데이터 그룹을 하나로 합치는 데는 O(N)의 시간이 걸린다.

결국 병합 정렬의 성능을 O 표기법으로 표시하면 O(N * $\log_2 N$)이 된다.

(1) 시간의 효율성

병합 정렬 알고리즘은 O 표기법에 의하면 O(NlogN)의 실행 시간을 갖는다. 다른 정렬 알고리즘들이 O(N^2)의 실행 시간을 갖는데 비해서 보면 상당히 빠른 정렬 알고리즘이다. 그러나 일반적인 경우에는 빠를지 몰라도 최악의 경우와 같이 이미 정렬이 되어 있는 상태에서는 성능이 급격히 저하된다. 그러나 퀵 정렬 알고리즘이 최악의 경우에 O(N^2)의 성능을 갖는 것에 비하면 오히려 최악의 경우에는 퀵 정렬 알고리즘보다는 나은 정렬 알고리즘이라고 할 수 있다.

(2) 공간의 효율성

병합 정렬 알고리즘의 가장 큰 단점이 원래의 데이터 공간 이외에 별도의 데이터 공간이 필요하다는 점이다. 이러한 단점을 극복하는 방법으로는 데이터들을 연결 리스트로 만든 후에 병합 정렬 알고리즘을 사용하는 방법도 있다.

(3) 코드의 효율성

병합 정렬 알고리즘은 보통의 경우 재귀 호출을 사용한다. 재귀 호출을 사용하게 되면 코드의 길이가 짧아지고 컴팩트(compact)하다는 장점이 있는 반면에 디버깅이 어렵고 코드를 이해하기가 좀 어려워진다는 단점이 있다. 그러한 단점을 피하기 위해 재귀 호출을 사용하지 않고 병합 정렬 알고리즘을 구현할 수도 있다. 그러나 재귀 호출을 사용하는 방식에 비해 코드의 길이가 길어지게 된다.

11.2 힙 정렬 알고리즘(Heap Sort Algorithm)

여러 가지 정렬 알고리즘 중에서 일반 사용자들이 선호하지는 않지만 운영체제나 네트워크 등 시스템 내부에서 가장 많이 사용되는 정렬 알고리즘이 바로 지금부터 배우게 될 힙 정렬 알고리즘이다. 어떤 이유로 인해 시스템에서 선호하고 있는 알고리즘인지 살펴보도록 하자.

11.2.1 힙 정렬 알고리즘

힙 정렬 알고리즘은 우선순위 큐(Priority Queue)를 이용하여 우선순위에 따라 정렬을 하는 알고리즘이다. 큐에 대해서는 이 책의 앞부분에서 여러 가지 예제를 사용해서 설명했기 때문에 이미 잘 알고 있으리라 생각된다. 그러나 여기서 다루게 될 우선순위 큐는 앞에서 배운 큐와는 개념적으로 많은 차이가 있다. 이 2개의 개념을 비슷한 개념으로 헷갈리면 절대 안된다.

이 장에서 다루게 될 우선순위 큐는 스택이나 큐처럼 특별한 형태를 갖는 자료구조가 있는 개념은 아니다. 다음의 그림을 보도록 하자.

▲ 우선순위 큐

위의 그림에서처럼 우선순위 큐는 가장 앞쪽에 있는 데이터가 가장 큰 값을 갖는 데이터가 되어야 한다. 그 외에 다른 데이터들은 어떻게 정렬이 되어 있던지 별 상관이 없다. 자료구조를 배운 학생들이나 심지어 몇 년 동안 프로그램 개발을 업으로 삼고 살고 있는 프로그래머들조차도 우선순위 큐라고 하면 앞에서 배운 큐의 일종이거나 그와 비슷한 무엇이라고 생각하기 쉽지만 결코 그렇지 않다.

그렇다면 우선순위 큐가 힙 정렬 알고리즘과 어떤 관계가 있는가 하면 힙 정렬 알고리즘은 트리 구조로 구성되어 루트 노드가 가장 큰 값을 갖게 된다. 다음의 그림을 살펴보자.

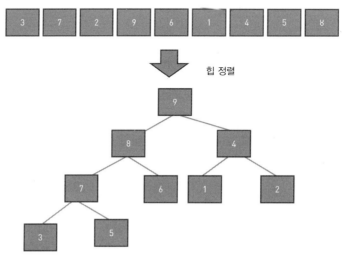

▲ 우선순위 힙으로 정렬한 트리 구조

앞의 그림과 같이 정렬되어 있지 않은 데이터들을 힙으로 구성하여 정렬한 모습이다.

그렇다면 어떻게 위와 같이 정렬될 수 있을까? 자! 위의 그림과 같이 일차원 리스트로 주어진 데이터들을 힙으로 만드는 방법에 대해서 그림을 통해 알아보도록 하자.

첫 번째 과정이다.

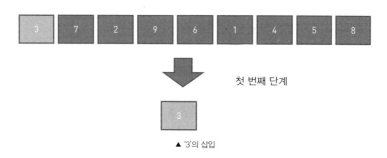

▲ '3'의 삽입

첫 번째 데이터 '3'을 힙에 추가한다. 아직 힙이 구성되어 있지 않은 상태이므로 위의 그림과 같이 덜렁 '3'하나만 존재하게 된다.

그 다음은 두 번째 데이터인 '7'을 삽입할 차례이다. '7'을 삽입하면 다음 그림과 같이 된다.

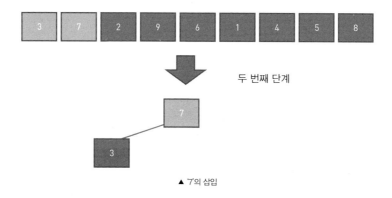

▲ '7'의 삽입

데이터 '7'을 삽입하게 되면 먼저 기존에 저장되어 있는 데이터 '3'의 자식 노드로 삽입한다. 그런데 '7'이 '3'보다 크기가 크기 때문에 위 그림의 오른쪽과 같이 '7'과 '3'의 위치를 바꾸게 된다.

세 번째 데이터 '2'를 삽입해보자.

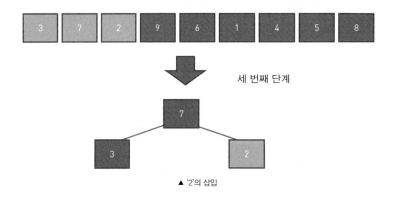

세 번째 단계

▲ '2'의 삽입

데이터 '2'를 삽입하면 루트 노드인 '7'의 오른쪽 자식 노드로 삽입되는데 '2'가 '7'보다 작으므로 힙의 규칙에 적합하므로 재구성 작업은 필요 없다.

다음은 '9'의 삽입이다.

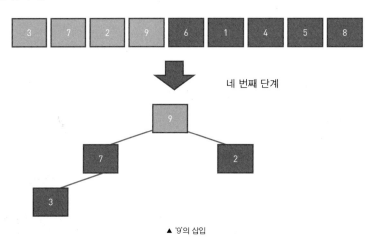

네 번째 단계

▲ '9'의 삽입

데이터 '9'를 삽입하면 '3'의 왼쪽 자식 노드로 삽입되는데 '9'는 자신의 부모 노드인 '3'보다 크기가 크므로 이 2개의 자리를 서로 바꾼다. 그리고 나서 그 위의 부모 노드인 '7'보다도 '9'가 더 크므로 다시 자리를 바꾸면 위 그림과 같은 결과가 된다.

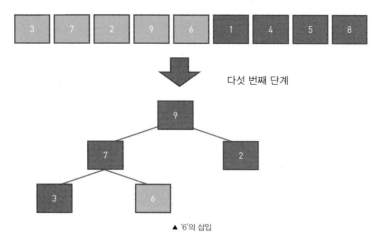

▲ '6'의 삽입

데이터 '6'을 삽입하게 되면 '7'의 오른쪽 자식 노드로 삽입되는데 부모 노드인 '7'보다 새로 추가된 '6'의 크기가 작으므로 힙의 재구성이 필요 없게 된다.

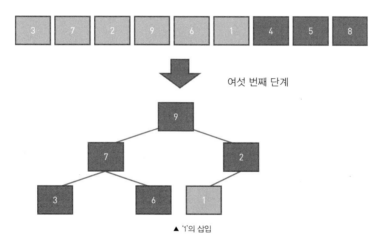

▲ '1'의 삽입

데이터 '1'의 경우도 '6'과 마찬가지로 '2'의 왼쪽 자식 노드로 삽입되며 부모 노드인 '2'보다 작으므로 재구성은 필요없다.

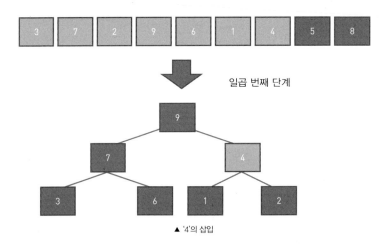

▲ '4'의 삽입

데이터 '4'가 삽입되면 '2'의 오른쪽 자식 노드로 삽입되지만 '4'가 부모 노드인 '2'보다 값이 크므로 서로 자리를 바꾸어야 한다.

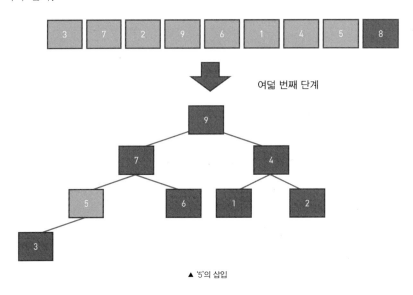

▲ '5'의 삽입

위의 그림에서도 데이터 '5'가 삽입되면 '3'의 왼쪽 자식 노드로 삽입되는데 부모 노드인 '3'보다 '5'가 더 크므로 서로 자리를 바꾼다.

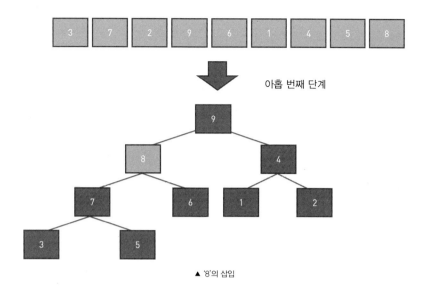

아홉 번째 단계

▲ '8'의 삽입

마지막 데이터인 '8'이 삽입되면 '5'의 오른쪽 자식 노드로 들어가게 되고 '8'이 '5'보다 크므로 '5'와 자리를 바꾸며 그 위의 부모 노드인 '7'보다도 크니까 다시 '7'과 자리를 바꾸게 된다.

결국 위의 그림과 같은 형태가 최종 결과이다.

다음은 힙 정렬 알고리즘의 전체 코드이다. UPHEAP이기 때문에 정렬은 내림차순으로 된다.

```python
#!/usr/bin/python
import random
from math import log10

def left_node(idx=None):
    return ((idx + 1) << 1) - 1

def right_node(idx=None):
    return (idx + 1) << 1

def up_heap(mylist=None, idx=None, heap_size=None):
    l_node = left_node(idx)
    r_node = right_node(idx)

    if l_node <= heap_size and mylist[l_node] > mylist[idx]:
```

```python
            largest = l_node
        else:
            largest = idx
        if r_node <= heap_size and mylist[r_node] > mylist[largest]:
            largest = r_node
        if largest != idx:
            mylist[idx], mylist[largest] = mylist[largest], mylist[idx]
            up_heap(mylist, largest, heap_size)


def build_heap(mylist=None):
    heap_size = len(mylist) - 1
    for i in reversed(range(len(mylist) // 2)):
        up_heap(mylist, i, heap_size)


def heap_sort(heap=None):
    tmp_arry = list()
    for i in range(len(heap)):
        tmp_arry.append(heap.pop(0))
        up_heap(heap, 0, len(heap) - 1)
    return tmp_arry

if __name__ == '__main__':
    data = []
    input_n = input("정렬할 데이터의 수 : ")
    data = [ random.randint(1, 99999) for x in range(int(input_n)) ]

    print("〈 정렬 전 〉")
    print(data)

    build_heap(data)

    sorted_data = heap_sort(data)

    print("〈 정렬 후 〉")
    print(sorted_data)
```

앞의 전체 코드를 보면 지금까지 그림으로 설명한 내용이 모두 들어가 있다. 특히 여러분들이 주의 깊게 봐야 할 부분은 up_heap() 함수와 build_heap() 함수에 대한 내용이다. 앞에서 설명한 그림을 비교하면서 보면은 코드가 쉽게 이해 될 것이다.

다른 정렬 알고리즘과 마찬가지로 힙 정렬 알고리즘도 다음과 같은 결과가 나타난다.

```
정렬할 데이터의 수 : 100
〈 정렬 전 〉
[46, 26721, 60935, 75656, 69584, 1873, 45201, 52221, 78495, 87230, 4034, 73889,
31616, 63441, 46339, 79222, 97549, 56898, 96199, 60432, 28433, 78451, 50574,
41634, 44782, 96258, 29576, 58712, 85765, 60680, 5368, 56555, 47624, 58581,
61361, 75039, 29839, 83588, 21664, 76874, 41147, 23627, 76100, 13482, 18257,
8343, 12605, 96465, 54800, 44232, 80952, 37248, 22414, 11074, 62453, 43970,
91544, 55849, 35570, 8282, 34443, 43367, 70103, 4697, 6537, 24901, 29480, 80833,
59197, 47029, 33545, 42557, 39058, 78081, 32208, 20819, 19821, 70160, 28037,
4704, 43415, 78100, 52915, 54869, 98417, 74828, 21833, 83559, 53883, 54695,
48948, 39326, 36590, 39115, 75760, 89763, 31638, 68692, 95295, 15089]
〈 정렬 후 〉
[98417, 97549, 96465, 96258, 96199, 91544, 87230, 83588, 95295, 83559, 85765,
80833, 78495, 79222, 76874, 78100, 89763, 78451, 78081, 76100, 75760, 75656,
80952, 70103, 63441, 62453, 60935, 60680, 59197, 75039, 70160, 61361, 60432,
56898, 74828, 56555, 55849, 43415, 53883, 54869, 50574, 54695, 47624, 46339,
58712, 44782, 73889, 44232, 41634, 39326, 31616, 29576, 34443, 45201, 43970,
43367, 37248, 35570, 42557, 39115, 22414, 20819, 6537, 58581, 39058, 52221,
69584, 48948, 47029, 33545, 29839, 32208, 29480, 21833, 19821, 26721, 52915,
41147, 28037, 21664, 23627, 28433, 13482, 11074, 8343, 8282, 18257, 12605,
36590, 54800, 68692, 31638, 24901, 4704, 4697, 4034, 5368, 15089, 1873, 46]

Process finished with exit code 0
```

11.2.2 힙 정렬 알고리즘의 분석

힙 정렬 알고리즘은 트리 구조를 사용하기 때문에 결국은 이 책의 앞부분에서 배운 이진 트리의 성능과 거의 동일하다. 힙에서 사용하는 트리의 깊이가 D라고 했을 때 힙에서 사용하는 데이터 N은 다음과 같은 식이 성립하다.

$$2D-1 \leq N < 2D - 1$$

따라서 힙에서 사용하는 트리의 깊이인 D는 $\log_2 N + 1$이 된다.

힙 정렬 알고리즘은 최선, 일반, 최악의 경우에 따라 거의 차이가 없다. 따라서 안정된 정렬 알고리즘이라고 볼 수 있지만 정렬을 할 때마다 힙 내부에서 노드들을 반복적으로 이동하므로 실제 성능은 퀵 정렬 알고리즘에 비해서 떨어진다고 볼 수 있다.

(1) 시간의 효율성

힙 정렬 알고리즘은 $O(N * \log_2 N)$의 성능을 갖고 있다. 따라서 퀵 정렬과 비슷한 성능을 보여주지만 아무래도 힙을 다시 재구성하는 과정이 실행되기 때문에 실제 성능은 퀵 알고리즘보다 떨어지게 된다.

(2) 공간의 효율성

힙 정렬 알고리즘은 트리 구조를 사용할 수 있다는 점과 리스트를 사용해서도 구현이 가능하다는 점에서 공간 효율성은 뛰어나다고 볼 수 있다.

(3) 코드의 효율성

힙 정렬 알고리즘의 코드는 퀵 정렬이나 병합 정렬 알고리즘처럼 재귀 호출을 사용하는 것도 아니고 단순히 트리 구조만 알고 있다면 쉽게 이해할 수 있을 만큼 단순하다.

따라서 다른 알고리즘들에 비해 코드의 효율성은 좋다고 볼 수 있다.

11.3 정리

이번 Lesson에서는 고급 정렬 알고리즘의 마지막에 해당하는 병합 정렬 알고리즘과 힙 정렬 알고리즘에 대해 알아봤다. 병합 정렬 알고리즘은 역사가 좀 오래된 알고리즘이지만 근래에도 사용되고 있는 정렬 알고리즘이며 힙 정렬 알고리즘은 운영체제나 네트워크와 같은 시스템 레벨에서 자주 사용되는 알고리즘이다.

지금까지 배운 알고리즘들을 모두 외울 필요는 전혀 없다. 그러나 각각의 알고리즘의 특징과 성능 그리고 데이터의 갯수나 정렬되어 있는 형태에 따라서 성능이 어떻게 변하는지 정도는 숙지하고 있어야 한다.

이진 검색 알고리즘

이번 Lesson에서 배우게 될 이진 검색 알고리즘은 순차 검색 알고리즘에 비해 검색 시간을 좀 더 절약하는 방법이다. 이진 검색은 어떤 방법으로 검색을 하는 알고리즘인지 또, 검색 시간은 얼마나 향상될 수 있는지 배운다.

12.1 이진 검색 알고리즘(Binary Search Algorithm)

검색 알고리즘 중에서 가장 간단한 알고리즘은 주어진 데이터의 처음부터 끝까지 차례로 비교하여 원하는 데이터를 검색하는 방법이다. 이러한 방법을 순차 검색 알고리즘이라고 한다. 순차 검색 알고리즘은 데이터를 검색하는 방법이 간단하다는 장점이 있지만 데이터를 검색하는 시간이 O(N)을 갖는다는 단점이 있다. 이 말은 데이터의 개수가 많으면 많을수록 검색하는데 필요한 시간이 많이 걸린다는 뜻이다. 결국 검색 성능이 주어진 데이터의 양에 따라 좌우되기 때문에 효율적인 검색 알고리즘이라고 볼 수 없다.

순차 검색 알고리즘은 여러 가지 검색 알고리즘 중에서 가장 간단한 검색 알고리즘이기는 하지만 검색 성능은 최악이다. 순차 검색 알고리즘만큼 간단하지만 그보다는 성능이 월등히 좋은 알고리즘이 지금 배우게 될 이진 검색 알고리즘이다.

이진 검색 알고리즘은 주어진 데이터를 앞에서 배운 여러 가지 정렬 알고리즘을 사용하여 미리 정렬해두어야 한다. 일단 크기 순서대로 정렬을 하고 나서 원하는 데이터를 검색하는 것이다.

이진 검색 알고리즘의 검색 방법은 이름에서도 알 수 있듯이 미리 정렬되어 있는 데이터를 절반씩(절반씩 잘라서 검색한다고 해서 이진 검색이라고 한다) 잘라서 검색하는 방법이다.

다음의 그림을 살펴보자.

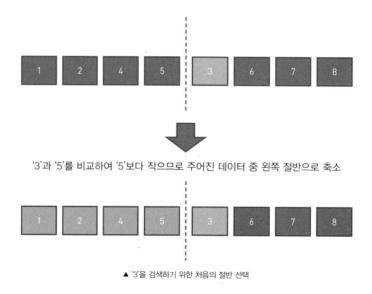

▲ '3'을 검색하기 위한 처음의 절반 선택

1부터 8까지의 숫자에서 '3'을 검색하게 되면 먼저 주어진 전체 데이터 중에서 절반에 해당하는 '5'와 먼저 비교하게 된다.

'3'은 '5'에 비해 그 값이 작으므로 전체 데이터의 리스트 중에서 왼쪽 리스트에 해당된다. 만약 '5'보다 큰 값인 '7'을 검색한다고 하면 왼쪽 리스트가 아닌 오른쪽 리스트에 해당된다.

그리고 다시 왼쪽 리스트 중 절반에 해당되는 '3'과 비교하게 된다.

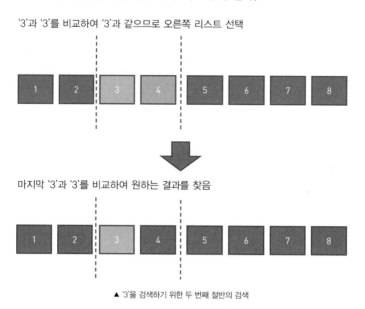

▲ '3'을 검색하기 위한 두 번째 절반의 검색

앞의 그림과 같이 검색하기 원하는 데이터를 검색하기 위해 검색 범위를 절반씩 줄여 나가면서 원하는 데이터를 찾기 때문에 이진 검색이라고 한다. 이진 탐색에서 N개의 키가 저장되어 있을 때 최악의 경우 $(\log_2 N+1)$회 비교 횟수가 필요하게 된다.

바로 위의 과정과 같이 주어진 데이터에서 원하는 데이터를 찾는 방법은 중간값을 구해서 찾아가는 방법을 사용한다.

그럼 이진 검색 알고리즘의 프로그램 코드를 살펴보자.

```python
#!/usr/bin/python
from math import log10
from random import randint

global counter

def swap(x, i, j):
    x[i], x[j] = x[j], x[i]

def pivotFirst(x, lmark, rmark):
    pivot_val = x[lmark]
    pivot_idx = lmark
    while lmark <= rmark:
        while lmark <= rmark and x[lmark] <= pivot_val:
            lmark += 1
        while lmark <= rmark and x[rmark] >= pivot_val:
            rmark -= 1
        if lmark <= rmark:
            swap(x, lmark, rmark)
            lmark += 1
            rmark -= 1
    swap(x, pivot_idx, rmark)
    return rmark

def quickSort(x, pivotMethod=pivotFirst):
    def _qsort(x, first, last):
        if first < last:
```

```python
            splitpoint = pivotMethod(x, first, last)
            _qsort(x, first, splitpoint-1)
            _qsort(x, splitpoint+1, last)
    _qsort(x, 0, len(x)-1)


def binary_search(a_list, wanted_data):
    global counter
    first = 0
    last = len(a_list) - 1

    while first <= last:
        idx = (first + last) // 2
        counter += 1
        if a_list[idx] == wanted_data:
            print('{item} found at position {i}'.format(item=wanted_data, i=idx))
            return True
        elif a_list[idx] > wanted_data:
            last = idx - 1
        elif a_list[idx] < wanted_data:
            first = idx + 1
        else:
            print('{item} not found in the list'.format(item=wanted_data))
            return False


if __name__ == '__main__':
    data = []
    counter = 0
    input_n = input("전체 데이터의 수 : ")
    data = [ randint(1, 100) for x in range(int(input_n)) ]

    print("〈 정렬 후 〉")
    quickSort(data)
    print(data)
```

```
msg = binary_search(data, 50)
if msg == True:
    print("총 {}번의 비교만으로 {}을 검색했습니다".format(counter, 50))
print(msg)
```

위의 예제 프로그램의 기본 구조는 앞에서 배운 퀵 정렬 알고리즘을 사용했다. 먼저 퀵 정렬 알고리즘으로 주어진 데이터를 정렬하고 나시, 원하는 데이터를 검색한다.

정렬되어 있는 데이터의 리스트를 검색하고 싶은 데이터를 찾거나 검색 범위가 끝날 때까지 반복하게 된다.

위의 이진 검색 알고리즘의 결과는 다음과 같다.

```
전체 데이터의 수 : 100
〈 정렬 후 〉
[1, 2, 2, 4, 6, 7, 7, 8, 14, 15, 17, 19, 20, 21, 21, 22, 22, 23, 23, 24, 24, 25, 29,
30, 31, 33, 34, 35, 37, 38, 40, 40, 41, 41, 42, 44, 44, 46, 47, 49, 49, 49, 50, 52,
53, 53, 55, 57, 57, 59, 60, 63, 63, 66, 66, 67, 67, 68, 68, 68, 69, 70, 70, 70, 72,
72, 73, 74, 77, 77, 78, 79, 79, 79, 81, 81, 81, 83, 83, 84, 85, 86, 86, 87, 87, 87,
88, 88, 89, 89, 90, 90, 92, 93, 95, 97, 98, 98, 98, 100]
50 found at position 42
총 4번의 비교만으로 50을 검색했습니다
True


Process finished with exit code 0
```

위의 데이터는 총 100개의 데이터에서 '50'의 값을 갖는 데이터를 검색하고, 검색된 데이터의 위치를 리스트의 인덱스로 화면에 출력하는 결과이다.

이진 검색에서는 100개의 데이터에서 주어진 숫자를 검색하는데 최대 4회의 비교만으로 가능하다. 순차 검색이라면 최악의 경우 100번의 비교가 필요하다.

앞에서 배운 이진 검색 알고리즘은 저장된 데이터의 위치를 가리키는 인덱스를 이용하는 방식이다. 앞에서 살펴본 이진 검색 트리의 동작 방식에 대한 그림을 보면서 알아챘겠지만 이진 검색 알고리즘은 인덱스를 계산하는 방식이 규칙적이기 때문에 재귀 호출 방식으로도 충분히 적용 가능하다.

재귀 호출 방식을 사용할 때의 장점은 코드가 상당히 간단해진다는 점이다. 다음의 재귀 호출을 사용한 이진 검색 알고리즘 전체 코드를 살펴보자.

```python
#!/usr/bin/python
from math import log10
from random import randint

global counter

def swap(x, i, j):
  x[i], x[j] = x[j], x[i]

def pivotFirst(x, lmark, rmark):
  pivot_val = x[lmark]
  pivot_idx = lmark
  while lmark <- rmark:
    while lmark <= rmark and x[lmark] <= pivot_val:
      lmark += 1
    while lmark <= rmark and x[rmark] >= pivot_val:
      rmark -= 1
    if lmark <= rmark:
      swap(x, lmark, rmark)
      lmark += 1
      rmark -= 1
  swap(x, pivot_idx, rmark)
  return rmark


def quickSort(x, pivotMethod=pivotFirst):
  def _qsort(x, first, last):
    if first < last:
```

```
        splitpoint = pivotMethod(x, first, last)
        _qsort(x, first, splitpoint-1)
        _qsort(x, splitpoint+1, last)
    _qsort(x, 0, len(x)-1)


def binary_search(a_list, wanted_data):
    global counter
    first = 0
    last = len(a_list) - 1

    while first <= last:
        idx = (first + last) // 2
        counter += 1
        if a_list[idx] == wanted_data:
            print('{item} found at position {i}'.format(item=wanted_data, i=idx))
            return True
        elif a_list[idx] > wanted_data:
            last = idx - 1
        elif a_list[idx] < wanted_data:
            first = idx + 1
        else:
            print('{item} not found in the list'.format(item=wanted_data))
            return False


def binary_search_recursive(a_list, wanted_data):
    global counter
    first = 0
    last = len(a_list) - 1

    if len(a_list) == 0:
        print('{item} not found in the list'.format(item=wanted_data))
        return False
    else:
        idx = (first + last) // 2
        counter += 1
        if wanted_data == a_list[idx]:
            print('{item} found at position {i}'.format(item=wanted_data, i=idx))
```

```
                    return True
            else:
                if a_list[idx] < wanted_data:
                    return binary_search_recursive(a_list[idx+1:], wanted_data)
                else:
                    return binary_search_recursive(a_list[:idx], wanted_data)

    if __name__ == '__main__':
        data = []
        counter = 0
        input_n = input("전체 데이터의 수 : ")
        data = [ randint(1, 100) for x in range(int(input_n)) ]

        print("〈 정렬 후 〉")
        quickSort(data)
        print(data)

        msg = binary_search_recursive(data, 50)
        if msg == True:
            print("총 {}번의 비교만으로 {}을 검색했습니다".format(counter, 50))
        print(msg)
```

위의 코드 중에서 binary_search_recursive() 함수가 재귀 호출을 사용하는 이진 검색 알고리즘의 코드이다. 재귀 호출이라고 하더라도 앞에서 배운 인덱스 방식과 별반 차이가 없다. 전체 리스트의 중간값을 구하고, 그 중간값과 검색할 데이터의 값을 비교하여 데이터의 값이 중간값보다 크면 전체 리스트를 절반으로 나누어 다시 검색 함수를 재귀 호출하게 된다.

이와 같은 재귀 함수의 호출을 주어진 데이터를 찾거나 아니면 더 이상 검색할 데이터가 없는 경우, 즉 데이터 리스트의 수가 0인 경우가 될 때까지 반복한다.

위 코드의 실행 결과는 다음과 같다.

```
전체 데이터의 수 : 100
〈 정렬 후 〉
```

```
[1, 1, 2, 2, 2, 3, 3, 6, 6, 6, 6, 7, 7, 8, 8, 11, 13, 15, 15, 16, 16, 19, 20, 21, 21,
22, 24, 24, 27, 27, 27, 28, 29, 30, 31, 32, 33, 34, 35, 36, 37, 37, 38, 39, 40, 40,
43, 43, 44, 46, 47, 49, 50, 51, 51, 51, 51, 51, 53, 53, 53, 54, 55, 56, 58, 59, 60,
60, 60, 61, 63, 63, 63, 64, 65, 66, 67, 70, 73, 73, 73, 73, 75, 76, 76, 77, 80, 80,
82, 85, 91, 92, 93, 94, 94, 95, 96, 98, 98, 99]
50 found at position 2
총 5번의 비교만으로 50을 검색했습니다
True
```

(1) 시간의 효율성

이진 검색 알고리즘은 O(log₂N+1)의 성능을 갖고 있다. 따라서 순차 검색의 O(N)에 비하면 현저히 그 성능이 뛰어나다고 볼 수 있다. 데이터의 검색 뿐만 아니라 데이터의 삽입이나 삭제하는 경우에도 일반적인 순차 검색 알고리즘에 비해서 뛰어나다.

(2) 공간의 효율성

이진 검색 알고리즘은 단순 배열이라기 보다는 트리 구조로 데이터를 저장하고 검색하게 된다. 일단 데이터가 저장되는 리스트가 트리 구조 형태로 만들어지고 나면 이진 검색 알고리즘은 간단한 코드만으로 실행할 수 있다.

(3) 코드의 효율성

이진 검색 알고리즘은 검색의 경우는 그다지 복잡하지 않지만 데이터의 삽입이나 삭제하는 경우에는 트리 구조를 유지하기 위해 순차 검색 알고리즘보다는 코드가 복잡하다.

12.3 정리

이번 Lesson에서는 검색 알고리즘에서 가장 간단한 순차 검색에 비해 효율이 월등이 우수한 이진 검색 알고리즘에 대해 알아봤다. 이진 검색 알고리즘은 주로 트리 구조를 사용하는데 트리 구조를 사용한 이진 검색 알고리즘을 이진 검색 트리(Binary Search Tree) 알고리즘이라고 부르며 데이터베이스, 네트워크 등 많은 부분에서 응용되고 있다.

이진 검색 트리 알고리즘의 장점은 순차 검색에 비해서 O(log₂N+1)의 성능을 갖고 있으며 그만큼 검색 속도가 뛰어나다. 또한 트리 구조를 기반으로 하기 때문에 공간의 효율성면에서도 순차 검색에 비해 월등하다.

PYTHON

실전 문제

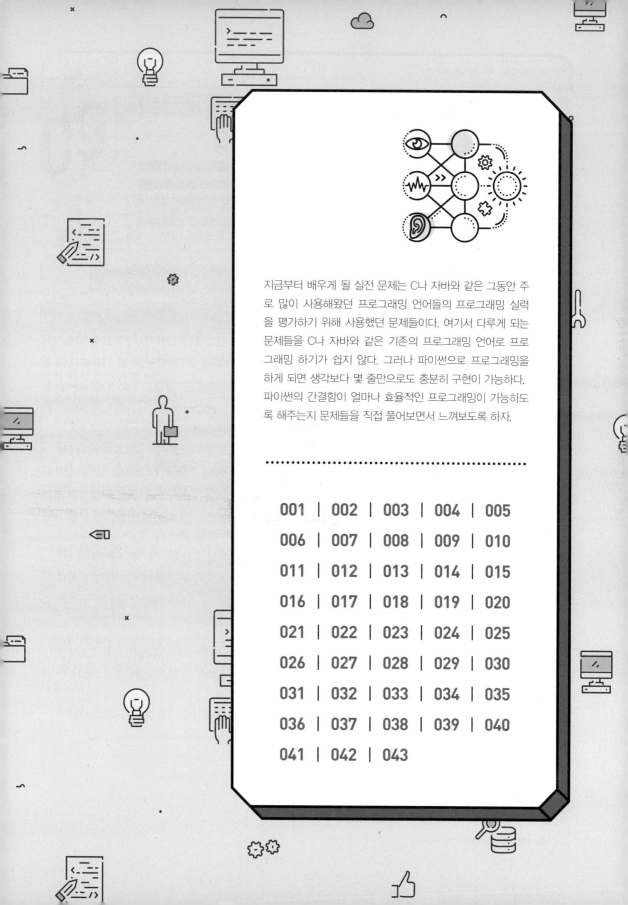

지금부터 배우게 될 실전 문제는 C나 자바와 같은 그동안 주로 많이 사용해왔던 프로그래밍 언어들의 프로그래밍 실력을 평가하기 위해 사용했던 문제들이다. 여기서 다루게 되는 문제들을 C나 자바와 같은 기존의 프로그래밍 언어로 프로그래밍 하기가 쉽지 않다. 그러나 파이썬으로 프로그래밍을 하게 되면 생각보다 몇 줄만으로도 충분히 구현이 가능하다. 파이썬의 간결함이 얼마나 효율적인 프로그래밍이 가능하도록 해주는지 문제들을 직접 풀어보면서 느껴보도록 하자.

반복문을 사용하여
0부터 n까지의 합 출력하기

0부터 n까지의 연속된 숫자의 합을 계산하여 화면에 출력하는 프로그램을 작성해보자. 단, n은 사용자로부터 입력받아도 되고 직접 코드에 작성해도 상관없다.

접근풀이 및 조건

이 문제는 파이썬에서 반복문을 배운 사람이라면 작성할 수 있는 문제다. 예를 들어 n을 100이라고 가정해보자. 결국 문제는 0부터 100까지의 숫자를 합한 결과를 구하라는 뜻이다. 문제에서 직접 코드에 작성해도 상관없다고 했으니 우리는 0부터 100까지의 숫자들의 합을 계산하는 프로그램으로 작성해 보도록 하자. 이 문제를 코드로 작성하기 위해서는 다음의 조건들을 먼저 고민해야 한다.

조건 01	1이 아니라 0부터 100까지의 숫자를 순서대로 증가시켜야 한다.
조건 02	숫자를 순서대로 증가시키는 방법으로 반복문을 사용해야 한다.
조건 03	이 프로그램에서 사용하는 변수의 개수를 미리 알고 있어야 한다.

위의 조건들을 해결하기 위해 다음의 힌트들을 보면서 하나하나 만들어가보자.

힌트

| 힌트 01 | 1부터가 아니라 0부터 시작이다. |

사실 문제에서 제시한 0부터 n까지의 합의 결과는 1부터 n까지의 합으로 바꾸어도 상관없다. 0은 더하든 더하지 않든 그 결과에는 영향을 주지 않기 때문이다.

| 힌트 02 | 골격 코드(skeleton code)는 반복문이다. |

0부터 n까지 숫자를 하나씩 증가하여 그 증가한 숫자를 덧셈하는 코드가 이 문제의 골격 코드이다. 골격 코드는 다음과 같은 구조로 작성할 수 있다.

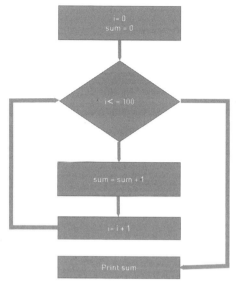

▲ 0부터 n까지의 합에 대한 순서도

위의 순서도에서 반복문은 변수 i가 100이 될 때까지 계속 반복하게 된다. 위의 순서도 그림을 코드로 변경해보면 다음 골격 코드와 같다.

골격 코드

```
def print_to_n(n):
    i = 0
    sum = 0
    while (i <= n):
        sum = sum + i
        i = i + 1
    print(sum)
```

힌트 03   이 프로그램에서 주로 사용하는 변수는 2개이다.

첫 번째 변수는 반복문을 제어하는 제어 변수인 i이며, 반복문을 시작하기 전에 0으로 초기화하고 100이 될 때까지 계속 증가한다. 변수 i가 100이 넘어서 101이 되면 반복문을 빠져 나오게 된다.

두 번째 변수는 0부터 증가하는 숫자들의 합을 덧셈하여 저장하는 변수 sum이다. 최종적으로 화면에 출력해야 하는 값은 변수 sum의 값이다.

이제 골격 코드와 힌트들을 사용하여 전체 코드를 작성해보자.

전체 코드

```
def print_to_n(n):
    i = 0
    sum = 0
    while (i <= n):
        sum = sum + i
        i = i + 1
    print(sum)

if __name__ == "__main__":
    print_to_n(100)
```

위의 결과를 실행하면 다음 그림과 같이 우리가 원하던 결과인 1부터 100까지의 합인 5050이 나타난다.

실행 결과

재귀 호출을 사용하여
1부터 20까지 출력하기

1부터 20까지의 연속된 숫자를 화면에 출력하는 프로그램을 작성해보자. 앞에서 작성한 0부터 n까지의 합에 대한 출력 결과를 반복문을 사용하여 만들었다면, 이번에 만들게 될 문제는 0부터 n까지의 숫자만 출력 하는 기능을 재귀 호출(recursive call)로 만들어보자.

📖 접근풀이 및 조건

앞의 문제가 반복문을 사용하여 만든 반면에 이 문제는 동일한 연산과 결과를 얻기 위해 반복문 대신 재귀 호출로 만들어보자. 반복문과 재귀 호출은 알고리즘은 결과는 동일할 수 있어도 논리적인 접근은 서로 다르다. 다음의 조건들에 대해 주어진 힌트들을 통해 해결해보도록 하자.

조건 01 1부터 출력해야 한다.
조건 02 재귀 호출을 빠져 나오는 제어 조건을 명확하게 정의해야 한다.
조건 03 재귀 함수의 호출과 재귀 함수 내의 처리 문장의 실행 순서를 명확하게 정의해야 한다.

💡 힌트

힌트 01 1부터 출력해야 한다.

재귀 호출을 사용하다 보면 호출 순서와 처리 순서가 헷갈리는 경우가 많다. 이 문제는 정확하게 1부터 20까지 1, 2, 3, 4, 5 … 20의 순서로 출력해야 한다. 따라서 출력 순서는 print(1), print(2), print(3), …, print(20)으로 되도록 구성해야 한다. 이 구조를 그림으로 표현하면 다음과 같다.

```
f(n)
{
        f(n – 1)  ⬅══ n-1 로 다시 재귀 호출
        Print (n) ⬅══ n 출력
}
```

호출 순서 : **f(n) ➔f(n-1)➔f(n-2)➔...➔f(1)**

▲ 재귀 호출 순서

앞의 그림과 같이 구성하면 함수 f()의 호출 순서는 f(n), f(n-1), f(n-2), ... , f(1)이 된다. 그러나 앞의 구조는 재귀 호출을 빠져나오는 기능이 없기 때문에 무한루프에 빠지게 된다. 이를 막기 위해서는 다음의 [힌트 02]를 살펴보자.

[힌트 02] **재귀 호출은 재귀 호출을 빠져 나오는 조건에 주의해야 한다.**

재귀 호출을 사용하다 보면 무한루프에 빠지는 경우가 종종 발생한다. 일반적으로 알고리즘에 익숙하지 않은 독자들은 재귀 호출의 성능이나 구조적인 문제점 등을 고려하기 전에 무한루프에 빠지는 코드를 경험하고 나면 다시는 재귀 호출을 사용하지 않으려는 경향이 있다. 그러나, 재귀 호출을 기반으로 하는 알고리즘은 재귀 호출을 사용하지 않고 반복문을 사용하는 알고리즘보다 논리적으로 훨씬 간결해진다.

다음의 그림을 살펴보자.

```
f(n)
{
        if(n > 0)
                f(n − 1)
        Print (n)
}
```

▲ 제어 조건을 추가한 재귀 호출

위의 재기 호출은 매개 변수 n이 0보다 큰 경우에만 성립된다. n이 0과 같거나 작아지면 재귀 호출을 빠져 나온다. 위의 힌트를 이용하여 골격 코드를 만들어보자.

골격 코드

```
f(n)
{
   if (n > 0)
      f(n - 1)
   print n
}
```

이제 골격 코드를 사용하여 전체 코드를 작성해보자.

재귀 호출 문장과 처리문장의 순서를 주의하자.

재귀 호출을 할 때에는 함수에서 처리하는 문장과 다시 함수를 재귀 호출을 하는 문장으로 나뉘어져 있다. 그러나 재귀 호출을 사용할 때는 이 2개의 문장의 순서를 주의하지 않으면 뜻하지 않은 오류가 발생할 수 있다.

전체 코드에서 재귀 함수 내의 코드를 다음과 같이 수정해보자.

```python
def print_to_n(n):
    if n > 0:
        print_to_n(n - 1)
    print(n)

if __name__ == "__main__":
    print_to_n(20)
```

위의 코드는 재귀 함수에서 먼저 매개 변수로 받은 변수 n의 값을 출력한 후에 다시 재귀 함수를 호출하도록 순서가 되어 있다. 이와 같은 순서로 실행이 되면 다음의 결과와 같이 출력 숫자가 역순으로 출력된다.

20 19 18 17 16 15 14 13 12 11 10 9 8 7 6 5 4 3 2 1

다음은 재귀 호출을 사용하여 1부터 20까지 출력하는 전체 코드와 실행 결과이다.

전체 코드

```python
def print_to_n(n):
    if n > 0:
        print_to_n(n - 1)
    print(n)

if __name__ == "__main__":
    print_to_n(20)
```

```
■ 명령 프롬프트                                                              ―    □    ×

D:\work\python>python test.py
0
1
2
3
4
5
6
7
8
9
10
11
12
13
14
15
16
17
18
19
20

D:\work\python>
```

반복문을 사용하여
1부터 n까지 출력하기

1부터 20까지의 연속된 숫자를 화면에 출력하는 프로그램을 반복문을 사용하여 작성해보자. 이전 문제에서 작성한 방법은 재귀 호출이었지만, 이번에 사용할 방식은 반복문이다. 반복문을 사용하여 1부터 n까지의 숫자를 순서대로 출력해보자.

접근풀이 및 조건

이 문제는 1부터 n까지의 숫자를 화면에 순서대로 출력하라는 문제이며, 이전 문제와 달리 다음과 같은 사항들을 고려해야 한다.

조건 01 1부터 순서대로 화면에 출력해야 한다.
조건 02 출력하는 숫자가 n이 되면 프로그램을 종료한다.

위의 조건들을 다음 〈힌트〉를 보면서 고민해보자.

힌트

힌트 01 1부터 n까지의 숫자를 출력해야 한다.

1부터 n까지의 숫자를 화면에 출력하는 것은 반복문을 사용하면 간단하다.

골격 코드

```
c = 1
while (c <= n) {
    print c
    c = c + 1
}
```

제어 변수 c를 1로 초기화하고, 이 변수 c 값이 주어진 n 값과 작거나 같은지를 체크한다. n보다 작거나 같다면 화면에 출력하고 변수 c를 증가시킨다.

또한 위의 코드에서 변수 c의 값이 n과 같으면 반복문인 while문을 빠져 나온다.

🧠 실수 포인트

실수 포인트 01   반복문의 제어 변수 c의 초기값을 주의한다.

앞의 코드에서 제어 변수 c의 초기값을 무의식 중에 1이 아닌 0으로 설정하면 실행 결과에서는 1부터 n 까지 출력하는 것이 아니라 다음의 결과와 같이 0부터 출력하게 된다.

```
0 1 2 3 4 5 6 7 8 9 10
```

실수 포인트 02   제어 변수 c와 사용자 입력 n의 값에 대한 비교에 주의한다.

제어 변수 c는 n보다 작거나 같은 경우에만 반복문 내의 문장을 실행하게 된다. 그러나 무의식 중에 while(c<=n) 대신 while(c<n)으로 작성하게 되면 가장 마지막 값이 출력되지 않는다.

```
1 2 3 4 5 6 7 8 9
```

반복문을 사용하여 코드를 작성할 때 가장 처음 출력되어야 하는 값이 이상하다면 제어 변수의 초기값을 체크하고, 가장 마지막 값이 이상하다면 제어 변수의 제어 조건을 점검해보자.

다음은 반복문을 사용하여 1부터 n까지 출력하는 전체 코드와 실행 결과이다.

전체 코드

```
n = 20
c = 1
while (c <= n):
    print(c)
    c = c + 1
```

```
명령 프롬프트                                              —  □  ✕
D:\work\python>python test.py
1
2
3
4
5
6
7
8
9
10

D:\work\python>
```

for문은 파이썬 뿐만 아니라 모든 프로그래밍 언어에서 가장 많이 사용하는 반복문 중의 하나인데, 파이썬의 for문은 다른 언어의 for문과는 다르다. 다음의 코드를 살펴보자.

〈예제 1〉 리스트에서 for문을 사용한 경우

```
for x in [1, 2, 3]:  # 리스트의 요소들을 하나씩 x에 대입한다.
    print x
```

위의 for문은 리스트 [1,2,3]이 요소들을 하나씩 꺼내어 변수 x에 대입하는 경우이다. 리스트와 마찬가지로 튜플과 딕셔너리도 다음과 같이 for문을 사용하면 튜플과 딕셔너리에 포함된 요소들을 하나씩 꺼내어 처리할 수 있다.

〈예제 2〉 튜플에서 for문을 사용한 경우

```
for x in (1, 2, 3):  # 튜플
    print x
```

〈예제 3〉 딕셔너리에서 for문을 사용한 경우

```
dic = {'key1':1, 'key2':2, 'key3':3}  # 딕셔너리
for x in dic:
    print x
    print dic[x]
```

리스트, 튜플, 딕셔너리 외에도 문자열에서도 for문을 사용할 수 있다.

〈예제 4〉 문자열에서 for문을 사용한 경우

```
for x in 'abcdefg':  # 문자열
    print x
```

재귀 호출을 사용하여 n부터 1까지 출력하기

앞의 문제에서 재귀 호출을 사용하여 1부터 원하는 숫자까지 순서대로 출력하는 문제를 살펴봤다. 이번에 풀어 볼 문제는 재귀 호출을 사용하는 것은 같지만 출력 순서가 1부터 n이 아니라 n부터 1까지로 역순으로 출력하는 코드를 만들어보자.

접근풀이 및 조건

재귀 호출을 사용하는 방법과 동작 방식에 대해서는 앞의 문제를 해결하면서 익혔을 것이다. 이번 장에서 고려해야 할 부분은 다음과 같이 역순으로 숫자를 출력하는 방법이다.

조건 01   n부터 1까지 역순으로 화면에 출력해야 한다.
조건 02   출력하는 숫자가 1이되면 프로그램을 종료한다.

다음 〈힌트〉를 보면서 세부적인 기능을 만들어보자.

힌트

힌트 01   n부터 1까지 역순으로 화면에 출력한다.

재귀 호출을 사용하여 n부터 1까지 역순으로 출력하는 기능은 다음의 골격 코드와 같이 n이 1보다 크거나 같다면 먼저 변수 n을 화면에 출력하고, 그 다음에 재귀 호출을 다시 호출한다. 화면에 출력하는 문장과 재귀 호출을 호출하는 문장의 순서에 따라서 1부터 n까지 순서대로 출력하는 기능이 되거나, n부터 1까지 역순으로 출력하는 기능을 구현할 수도 있다.

골격 코드

```
def f(n):
    if n > 1:
        print(n)
        f(n - 1)
```

재귀 함수에서 가장 중요한 부분은 재귀 함수를 종료하는 조건이다. 이 조건을 제대로 만들어 놓지 못하면 해당 프로그램은 무한루프에 빠져 버린다. 이 문제에서 사용하는 재귀 함수의 종료 조건은 출력하는 숫자가 1이 되면 화면에 현재 데이터인 1을 출력하고 프로그램을 종료하게 된다.

결국 이 재귀 함수는 0보다 큰 경우에만 계속 재귀 함수를 호출하게 되고, 0이 되면 재귀 함수를 종료하게 된다.

🧠 실수 포인트

실수 포인트 01   변수 출력 문장과 재귀 함수 호출 순서를 혼동하면 안된다.

```
if n >= 1 :
   f(n-1)
   print( n )
```

위의 골격 코드에서 print n과 f(n-1) 2개의 문장의 실행 순서를 서로 바꾸면 우리가 원하는 결과인 n부터 1까지 연속하여 출력하는 것이 아니라 1부터 n까지의 순서로 출력하게 된다. 재귀 호출에서 재귀 함수를 다시 호출하는 문장을 언제 호출하느냐는 재귀 함수의 기능 및 역할을 결정하는 중요한 부분이다. 혼동하면 안된다.

실수 포인트 02   재귀 힘수의 제어 조건을 n)-0으로 수정하면 안된다.

```
if n >= 1 :
   print (n)
   f(n-1)
```

위의 코드와 같이 재귀 함수의 제어 조건을 n>=1에서 n>=0으로 변경하면 어떤 결과가 나타날까? 그렇게 변경하게 되면 n부터 1까지가 아니라 n부터 0까지 출력된다. n부터 1까지 출력하게 하려면 if(n>=1) 이거나 if(n>0)과 같이 수정해야 한다.

이제 재귀 호출을 사용하여 n부터 1까지 출력하는 전체 코드와 실행 결과를 살펴보자.

전체 코드

```python
def print_to_n(n):
    print(n, end = ' ')
    if n > 1:
        print_to_n(n - 1)


if __name__ == "__main__":
    print_to_n(10)
```

실행 결과

```
D:\work\python>python test.py
1
2
3
4
5
6
7
8
9
10

D:\work\python>
```

3과 5의 배수 계산하기

이 문제는 3의 배수이면서 동시에 5의 배수인 숫자를 구하는 문제이다. 결국 1부터 주어진 n까지 반복하면서 3의 배수이기도 하고 5의 배수이기도 한 숫자들을 구하여 화면에 출력하면 된다.

접근풀이 및 조건

이 문제를 풀기 위해서는 "배수"의 개념에 대해 알고 있어야 한다. 10이 3의 배수일까? 아니다. 그럼 12는 3의 배수일까? 맞다. 어떻게 배수라는 것을 알 수 있었을까? 그 답은 초등학교 수학 과정 속에 있다. 10이 3의 배수인지 알아보려면 10을 3으로 나누어 나머지가 있는지를 확인하면 된다. 나머지가 있다면 3의 배수가 아니고 나머지가 없다면 3의 배수라는 의미이다.

따라서 이 문제는 배수의 개념을 정확하게 알고 있는지와 그 배수를 확인하고 반복문을 어떻게 묶어서 설계해야 하는지만 알고 있으면 해결 할 수 있다.

이 문제를 해결하기 위해 고려해야 할 사항은 다음과 같다.

조건 01	배수의 개념을 코드로 민들 수 있어아 한다.
조건 02	3의 배수이면서 동시에 5의 배수인지를 확인하는 개념을 코드로 만들 수 있어야 한다.
조건 03	반복문을 사용하여 1부터 n까지 1씩 증가하면서 제어 변수를 확인한다.

다음 힌트들을 보면서 위의 조건들에 대한 세부 코드를 만들어보자.

힌트

힌트 01	배수의 개념을 코드로 만들 수 있어야 한다.

앞에서 잠깐 설명했듯이 배수인지 아닌지를 체크하는 방법은 나누어서 나머지가 0인지 아닌지만 알면 된다.

다음의 코드를 살펴보자.

```
def f(n):
  if n % 3 == 0:
    print("n은 3의 배수입니다")
  else:
    print("n은 3의 배수가 아닙니다")
```

위의 코드처럼 주어진 변수 n이 3의 배수인지를 확인하려면 3으로 나누어 나머지가 0이면 3의 배수이고, 나머지가 0이 아니면 3의 배수가 아니다. 파이썬에서는 나머지 연산자(%)를 제공하고 있으므로 위의 코드와 같이 작성해주면 쉽게 배수 여부를 확인할 수 있다.

힌트 02 3의 배수이면서 동시에 5의 배수인 코드를 작성해야 한다.

힌트 01에서 본 코드는 3의 배수인지를 확인하는 코드이다. 3의 배수이면서 동시에 5의 배수인지 확인하는 코드는 다음과 같이 간단하게 작성할 수 있다.

```
def f(n)
  if (n % 3 == 0) and (n % 5 == 0):
    print("n은 3의 배수입니다")
else:
  print("n은 3의 배수가 아닙니다")
```

힌트 03 반복문의 제어 변수를 1씩 증가하면서 배수 여부를 확인한다.

앞의 힌트에서 배운 3과 5의 배수를 확인하는 코드와 반복문의 코드를 합치면 다음과 같은 골격 코드를 만들 수 있다.

```
def f(n):
    i = 1
    while i <= n:
        if (i % 3 == 0) and (i % 5 == 0):
            print("%d"%(i))
        i = i + 1
```

이 문제는 위의 골격 코드만 제대로 생각하여 코딩할 수 있으면 해결할 수 있다. 제어 변수 i를 n까지 반복하여 3과 5의 배수인지를 확인하는 방법을 사용하면 쉽게 풀어낼 수 있다.

다음은 3과 5의 배수를 구하는 전체 코드와 실행 결과이다.

```
def check_common(n):
    i = 1
    while i <= n:
        if (i % 3 == 0) and (i % 5 == 0):
            print("%d"%(i))
        i - i + 1

if __name__ == "__main__":
    check_common(100)
```

숫자 뒤집기

사용자로부터 입력 받은 데이터를 역순으로 바꾸어 화면에 출력하는 프로그램을 작성해보자. 예를 들어, "123"이 입력되면 화면에는 "321"로 출력하는 프로그램을 생각하면 된다.

접근풀이 및 조건

처음 이 문제를 접한 독자들은 난감해할 수도 있다. 어떤 독자들은 123456으로 입력받은 데이터를 문자열로 간주하여 문자열의 끝부분부터 맨처음으로 역순으로 출력하는 방식을 생각할지도 모른다. 그러나 정수형 데이터를 입력받아 뒤집어 출력하는 방법은 정수값의 자릿수 개념으로 생각하면 의외로 쉽게 해결할수 있다.

이 문제에서 고려해야 할 항목은 다음과 같다.

조건 01　정수의 자릿수를 계산 하는 방식을 고민해야 한다.
조건 02　이 문제의 경우는 반복문보다는 재귀 호출을 응용하는 것이 간단하다.

힌트

힌트 01　정수의 자릿수를 계산하는 방식을 고민해야 한다.

'123'이라는 정수 데이터의 경우 100의 자리는 '1', 10의 자리는 '2', 그리고 1의 자리는 '3'이다. 이와 같이 숫자의 자릿수를 계산하기 위해서는 다음과 같은 코드를 사용해야 한다.

```
1_position = 123 % 10    # 1의 자릿수
10_position = (123// 10) % 10    # 10의 자릿수
100_position = ((123//100) % 10    # 100의 자릿수
```

위의 코드를 보면 알 수 있듯이 정수 데이터의 자릿수를 계산하기 위해서는 파이썬에서 제공하는 나눗셈 연산과 나머지 연산을 사용하면 된다.

이 문제는 재귀 함수를 사용하면 논리적으로는 쉽게 해결할 수 있다. 먼저 주어진 변수 n을 10으로 나눈 나머지를 출력하고 나서, 변수 n을 10으로 나눈 몫을 매개 변수로 하여 함수 f(n/10)을 출력한다. 예를 들어 n이 '123'인 경우에 print(n%10)을 실행하면 3이 출력되고, f(123/10)을 호출하므로 f(12)를 호출하게 된다.

재귀 호출을 사용하여 이 문제를 프로그래밍하면 자릿수가 커져도 재귀 호출로 간단하게 해결할 수 있다는 장점이 있다.

골격 코드

```
def f(n):
    if n == 0:
        return 0
    print(n%10, end = ' ')  # 자릿수 출력
    f(n//10)  # 1의 자리, 10의 자리, 100의 자리의 순서로 재귀 함수를 호출한다
```

입력받은 숫자를 뒤집어 출력하는 전체 코드와 실행 결과를 살펴보자.

전체 코드

```
def solve(n):
    if n == 0:
        return 0
    print(n%10, end = ' ')
    solve(n//10)


if __name__ == "__main__":
    num_str = input("입력 : ")
    num = int(num_str)
    solve(num)
```

위의 전체 코드에서 함수 f()이 자릿수를 역순으로 출력하는 재귀 함수이고 골격 코드에서 작성한 코드이다. 이에 대한 실행 결과는 다음과 같다.

```
CM 명령 프롬프트                                                    —   □   ×

D:\work\python>python test.py
입력 : 12345
5 4 3 2 1
D:\work\python>
```

range는 for문과 자주 사용되는 함수이고 range(start, end, step)의 형식으로 사용한다.
start ~ (end-1)의 리스트를 반환한다. step은 숫자의 간격이고 start와 step은 생략 가능하다.

```
print list(range(5))
print list(range(0,5))
print list(range(0,5,2))
```

위의 파이썬 코드를 실행하면 다음과 같은 결과를 볼 수 있다.

```
[0, 1, 2, 3, 4]
[0, 1, 2, 3, 4]
[0, 2, 4]
```

끝 번호, 즉 end는 포함되지 않는다는 것에 유의한다.

369 게임 만들기

369 게임은 예능 프로그램에 종종 등장하는 국민 게임 중 하나이다. 2명 이상의 멤버들이 서로 둘러앉아서 1부터 1씩 증가하며 숫자를 말하는데 그중에서 3의 배수인 숫자가 되면 숫자를 말하지 않고 박수를 치는 게임이다. 쉽다고 생각하면 쉬울 수 있는 게임이나 막상 직접 해보면 숫자가 커질수록 벌칙을 피하는 것이 녹록치 않은 게임이다. 또한, 이 게임은 3의 배수뿐만 아니라 숫자 3이 들어가는 경우에도 박수를 치도록 하는 변종 게임도 있다. 이 책에서는 기본적인 규칙만 적용하여 3의 배수에서만 박수를 치는 369 게임을 만들어보자.

접근풀이 및 조건

이 문제는 "005. 3과 5의 배수 계산하기" 문제에서 배운 배수의 개념만 알고 있으면 해결할 수 있다. 이미 개념은 알고 있기 때문에 바로 조건에 대해서 알아보자.

조건 01 3의 배수를 확인하는 코드를 작성해야 한다.
조건 02 3의 배수가 아닌 경우는 숫자를 출력하고, 3의 배수인 경우는 "X"를 출력하는 코드를 작성해야 한다.
조건 03 사용자로부터 입력 받은 n까지 위의 과정을 반복해야 한다.

다음의 〈힌트〉를 보면서 세부 코드를 작성해보자.

힌트

힌트 01 3의 배수를 확인하는 코드를 작성한다.

```
def f(n) :
  if n % 3 == 0 :
    print("n은 3의 배수입니다")
  else :
    print("n은 3의 배수가 아닙니다")
```

위의 함수 f()는 매개 변수로 주어진 변수 n이 3의 배수인지 아닌지를 체크하여 그에 대응하는 문자열을 화면에 출력한다. 사실상 이 코드가 이 문제의 핵심 코드라고 볼 수 있다.

3의 배수가 아닌 경우는 숫자를 출력하고, 3의 배수인 경우는 "X"를 출력하는 코드를 작성해야 한다.

앞의 힌트 01 에서 생성한 3의 배수를 확인하는 코드를 약간 수정하면 된다. 다음의 코드를 살펴보자.

```
def f(n):
  if n % 3 == 0 :
    print("X" ) # 변수 n이 3의 배수이므로 "X"를 출력
  else :
    print(n) # n이 3의 배수가 아니므로 변수 n을 화면에 출력
```

힌트 03) 사용자로부터 입력받은 n까지 지금까지 과정을 반복한다.

이제 골격 코드를 만들어 볼 차례다. 여러분들은 이미 핵심적인 코드는 모두 완성을 했기 때문에 위의
함수 f() 안에 반복문만 추가하면 된다. 다음의 골격 코드를 살펴보자.

골격 코드

```
def f(n):
  i = 1
  while i <= n:
    if n % 3 == 0 :
      print("X" ) # 변수 n이 3의 배수이므로 "X"를 출력
    else :
      print(n) # n이 3의 배수가 아니므로 변수 n을 화면에 출력
    i = i + 1
```

다음은 369 게임에 대한 전체 코드와 실행 결과이다.

```
def solve(n):
  i = 1
  while i <= n:
    if i % 3 == 0:
      print("X ")
    else:
      print(i)
    i = i + 1


if __name__ == "__main__":
  solve(30)
```

실행 결과는 다음과 같다.

실행 결과 ······ ·ᗺ·

```
D:\work\python>python test.py
1 2 X  4 5 X  7 8 X  10 11 X  13 14 X  16 17 X  19 20 X  22 23 X  25 26 X  28 29 X
D:\work\python>
```

자연수 n이
소수인지 아닌지를 출력하기

주어진 숫자가 소수(prime number)라는 것은 0보다 큰 자연수인 약수가 1과 자기 자신뿐인 1보다 큰 자연수를 말한다. 대표적인 소수는 2, 3, 5, 7, 11, 13 등이 이에 해당한다. 이 문제는 사용자가 입력한 숫자 n이 소수인지 아닌지를 확인하는 코드를 만들어보자.

접근풀이 및 조건

소수를 구하는 가장 간단한 방법은 소수의 정의에도 언급했듯이 1과 자기 자신을 제외한 다른 수로 나누어질 수 있는지를 확인하면 된다. 소수의 반대는 합성수다. 초등학교 시절에 배운 간단한 개념이므로 이 개념을 코드로 어떻게 만들어야 하는지 다음을 고려해서 작성해보자.

조건 01 반복문을 사용하여 주어진 숫자 n을 2부터 n-1까지 반복하면서 나누고,
나눈 결과가 하나라도 나눈 몫을 구할 수 있으면 소수가 아닌 합성수이다.

조건 02 위의 반복문이 끝난 결과로 제어 변수가 주어진 n과 같으면 소수이고 같지 않으면 합성수이다.

처음 이 문제를 보면 위의 조건을 생각하기가 쉽지 않다. 보통의 경우 반복문을 사용하여 2부터 n-1까지 반복하면서 나누는 정도는 생각하지만 조건 02 를 생각하기가 쉽지 않다. 초보 개발자들이 종종 놓치는 코드이기도 하다. 〈힌트〉를 통해 어떻게 구현했는지 확인해보자.

힌트

힌트 01 숫자 n을 2부터 n-1까지 반복하여 나누어지는지 확인해본다.

위의 힌트 01 에 대한 코드는 다음과 같다.

```
i = 2
While i < n :
    if n % i == 0:
        break
    i = i + 1
```

위의 반복문은 제어 변수 i를 2부터 n 보다 작은 n−1까지 반복하면서 변수 n이 i로 나누어지는지 체크한다. 만약 나누어지면 break문을 실행하여 반복문을 빠져나온다. 왜 빠져나올까? 다시 소수의 정의로 돌아가서 생각해보자. 소수는 1과 자기 자신을 제외하고는 어떤 수로도 나누어지지 않는 수를 말한다. 앞의 코드에서 if(n % i == 0)이 참이 됐다는 의미는 변수 n이 제어 변수 i로 나누어 떨어졌다는 의미다. 즉, 더 이상 소수가 아니라는 뜻이다. 이미 소수가 아니므로 다른 것들을 체크할 필요없이 break문으로 반복문을 빠져나와버리는 것이다. 이미 소수가 아닌 합성수로 판정이 됐기 때문에 그 이후의 반복문을 실행하는 것은 자원 낭비이다.

힌트 02   위의 반복문이 끝난 결과로 제어 변수가 주어진 n과 같으면 소수이고 같지 않으면 합성수이다.

그 다음으로 제어 변수 i가 주어진 n과 같은지를 확인한다.

```
if i == n :
        print ("n은 소수")
else :
        print ("n은 합성수")
```

제어 변수 i가 n과 같다는 것은 힌트 01 의 반복문이 끝까지 모두 실행됐다는 의미이고, 이것은 2부터 n−1까지의 숫자로 나누어진 적이 없다는 것을 말한다. 결국 변수 n은 소수라는 의미이다. 반대로 제어 변수 i가 n이 아니라는 것은 힌트 01 에서 break문으로 반복문을 빠져 나왔다는 것을 의미하며 변수 n은 소수가 아닌 합성수라는 말이 된다.

이제 여러분들 스스로 힌트 01 과 힌트 02 를 생각해낼 수 있을까?

다음은 자연수 n이 소수인지 아닌지를 출력하는 전체 코드이다.

전체 코드

```
def check_prime(n):
  i = 2
  while i < n:
    if n % i == 0:
      break
    i = i + 1
```

```
    if i == n:
        print("{0}는 소수\n".format(n))
    else:
        print("{0}는 합성수\n".format(n))

if __name__ == "__main__":
    check_prime(19)
    check_prime(130)
    check_prime(37)
    check_prime(20)
    check_prime(21)
```

위 전체 코드의 실행 결과는 다음과 같다.

실행 결과 ...... 💡

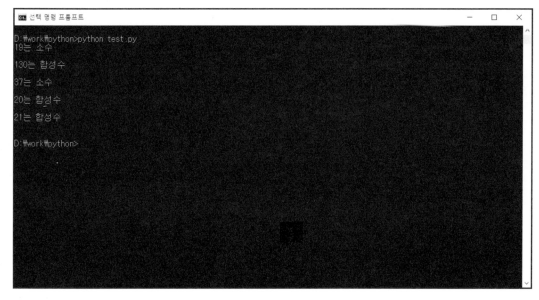

2 ~ N 사이의 모든 소수를 추출하기

앞의 "008. 자연수 n이 소수인지 아닌지를 출력하기" 문제를 사용하여 2부터 N사이의 모든 소수를 출력하는 프로그램을 만들어보자.

접근풀이 및 조건

이 문제는 앞의 "008. 자연수 n이 소수인지 아닌지를 출력하기" 문제를 이해했으면 그 문제의 코드를 거의 그대로 가져와서 사용하면 해결할 수 있다. 이 문제를 해결하기 위해서 별도로 생각해야하는 조건은 다음과 같다.

조건 01   2부터 N까지의 반복문으로 소수 확인 함수를 호출한다.

위의 조건 01 은 반복문만 추가하면 쉽게 구현할 수 있다. 그러나 이 문제가 앞의 "008. 자연수 n이 소수인지 아닌지를 출력하기" 문제없이 바로 풀어보라고 했다면 쉽게 풀 수 있었을까? 2부터 N까지의 자연수 중에 모든 소수를 출력하라는 문제만 보고 바로 코드를 작성하기가 그리 쉽지만은 않다. 이 문제가 쉽게 느껴지는 것은 앞의 문제에서 이미 소수를 확인하는 코드에 대해 충분히 이해했기 때문이다.

힌트

힌트 01   2부터 N까지의 반복문으로 소수 확인 함수를 호출한다.

2부터 N까지 반복문을 사용하여 소수 확인 함수를 호출하는 코드는 다음과 같이 쉽게 구현이 가능하다.

```
i = 2
while i <= N:
    check_prime(i)
    i = i + 1
```

이제 2부터 N 사이의 모든 소수를 출력하는 전체 코드와 실행 결과를 살펴보자.

```
def check_prime(n):
    i = 2
    while i < n:
        if n % i == 0:
            break
        i = i + 1

    if i == n:
        print("{0}는 소수".format(n))
    else:
        print("{0}는 합성수".format(n))

if __name__ == "__main__":
    i = 2
    while i <= 20:
        check_prime(i)
        i = i + 1
```

이 문제의 실행 결과는 다음과 같다.

실행 결과 ······

```
D:\work\python>clr
'clr'은(는) 내부 또는 외부 명령, 실행할 수 있는 프로그램, 또는
배치 파일이 아닙니다.

D:\work\python>python test.py
2는 소수
3는 소수
4는 합성수
5는 소수
6는 합성수
7는 소수
8는 합성수
9는 합성수
10는 합성수
11는 소수
12는 합성수
13는 소수
14는 합성수
15는 합성수
16는 합성수
17는 소수
18는 합성수
19는 소수
20는 합성수

D:\work\python>
```

약수 구하기

이번 문제에서는 약수를 구하는 코드를 만들어보자. 약수란 어떤 수를 나누어 떨어지게 하는 수를 말한다. 예를 들어 숫자 8의 약수는 1, 2, 4, 8이다. 2부터 20까지의 숫자가 소수인지 아닌지를 순서대로 검사하고, 소수라면 소수라는 메시지를 출력하고, 소수가 아니면 해당 숫자의 약수를 구하여 출력하는 프로그램을 작성해보자.

접근풀이 및 조건

약수를 구하는 방법은 소수를 구하는 방법과 비슷하다고 생각할 수 있다. 주어진 숫자 N에 대한 약수를 구하기 위해서는 숫자 n을 2부터 n-1까지의 숫자들을 차례대로 사용하여 나누어지는지를 확인하게 된다.

그러나 이와 같은 방법으로 코드를 작성하면 작은 수의 약수를 구하는 경우라면 별다른 문제가 되지 않겠지만 큰 수의 약수를 구하는 경우에는 상당한 계산량이 필요하다. 이와 같이 반복적으로 큰 수에 대한 계산을 해야하는 경우 계산량을 줄이도록 고민해야 한다. 약수를 구하는 연산은 2부터 n-1까지의 숫자 대신 주어진 n의 제곱근을 구해서 그 숫자까지 반복하면서 나누어지는지 확인하면 된다.

예를 들어 8의 경우라면 8의 제곱근은 $2\sqrt{2}$이고, 2부터 7까지를 반복하면서 8을 나누어보는 것이 아니라 2부터 4까지만 반복하여 나누어보면 된다. 그 이유는 8의 약수는 1, 2, 4, 8이기 때문이다.

결국 어떤 수 n의 약수 중 가장 큰 약수라고 하더라도 n의 제곱근을 넘지 않는다는 것을 알 수 있다. 이러한 규칙을 사용하여 다음의 조건들을 고려해보자.

조건 01	n의 약수를 구하기 위해서 2부터 n의 제곱근까지만 탐색한다.
조건 02	소수가 아닌 경우에는 약수를 구해야 하기 때문에 이전의 소수를 구하는 문제와는 달리 break문을 사용할 수 없다.
조건 03	소수인지 아닌지를 저장해두기 위해 플래그 변수를 사용한다.

여러 조건들이 있어서 복잡해보이지만 이 문제에서 다루는 몇 가지 힌트들은 실제 프로그래밍에서도 자주 사용되는 알토란 같은 힌트이다.

자, 다음의 힌트를 보면서 세부 코드를 작성해보자.

힌트

| 힌트 01 | n의 약수를 구하기 위해 2부터 n의 제곱근까지만 탐색해보자. |

n의 약수를 구하기 위해 2부터 n까지가 아니라 2부터 n의 제곱근까지만 탐색하는 코드를 생각하면 "n의 제곱근을 어떻게 구하지?"라고 생각하는 독자들이 있을 것이다. 급히 인터넷에서 파이썬에서 제곱근을 구하는 함수인 sqrt() 함수를 찾아서 다음과 같이 코딩하는 사람들이 있다.

```
print(sqrt(100))
```

100의 제곱근인 10을 구하기 위해서 파이썬에서 제공하는 sqrt() 함수를 사용하게 된다.

이 sqrt() 함수를 사용하여 2부터 n의 제곱근까지만 탐색하는 코드를 다음과 같이 작성하게 된다.

```
i = 2
while i <= sqrt(n) :
    # 처리 코드
    i = i + 1
```

위의 for문은 매번 sqrt(n) 함수를 호출하기 때문에 상당히 비효율적이다. 이와 같이 작성한 초보 프로그래머들은 생각의 방향을 바꾸어보자.

제곱근을 구하는 대신 제어 변수 i의 제곱의 값을 변수 n까지 증가시키는 코드는 어떨까? 다음을 살펴보자.

```
i = 2
while i * i <= n :
    # 처리 코드
    i = i + 1
```

위의 코드는 제어 변수 i를 2부터 시작해서 i의 제곱인 i*i가 n보다 작거나 같을 때까지 반복하게 된다. 이러한 코드는 제곱근 함수인 sqrt() 함수에 대한 호출이 없기 때문에 훨씬 나은 성능을 보여주며, 더 최적화 되어 있는 코드라고 할 수 있다.

break문 없이 소수와 약수를 구한다.

다음은 소수와 약수를 구하는 골격 코드이다.

골격 코드

```
def isPrime (k):
    i = 2
    while i * i < k:
        if k % i == 0:
            print(i) # i는 k의 약수다
            flag = False
        i = i + 1
    return flag
```

앞에서 이미 다뤄본 소수를 구하는 문제와 마찬가지로 주어진 숫자 k를 제어 변수 i로 나누어지면 소수가 아니므로 해당하는 제어 변수 i는 숫자 k의 약수가 된다. 앞의 문제에서는 이 부분에서 나눠지면 소수가 아니므로 break문을 사용했지만, 이 문제에서는 소수가 아닌 경우 약수를 구해야 하기 때문에 제어 변수 i를 숫자 k의 약수로 출력한다.

플래그 변수를 사용한다.

이 문제에서는 break문을 사용하지 않기 때문에 소수인지를 확인하는 반복문이 중간에 break문으로 빠져나오지 않고 끝까지 실행하게 된다. 반복문을 실행하고 나서 숫자 k가 소수인지 아닌지를 알 수가 없다. 이러한 문제점을 해결하기 위해 숫자 k가 제어 변수 i로 나눠지면 제어 변수 i를 k의 약수로 출력하고 플래그 변수인 flag를 False로 설정한다. 이 flag는 나중에 main() 함수에서 isPrime() 함수의 매개 변수로 넘기는 숫자가 소수인지 아닌지를 확인하는 용도로 사용하기 때문에 전역 변수로 정의해야 한다. flag의 초기값은 True로 설정하고, 소수가 아니면 False로 설정한다. 이 flag 변수를 main() 함수에서는 다음과 같이 사용하여 소수 여부를 확인하게 된다.

골격 코드

```
if isPrime(i) == True:
    print("i는 소수입니다")
```

이러한 플래그 변수를 사용하는 코딩 방법은 실무에서 자주 사용하는 방식이므로 익숙해지도록 하자.

플래그 변수는 반복문에서 매번 재설정해야 한다.

다음의 코드는 플래그 변수를 사용하여 소수인지 아닌지를 확인한다.

```
def isPrime(k) :
    # k가 소수인지 아닌지를 확인하여 플래그 변수 flag에 저장함
    return flag


i = 2
while i <= 20:
    if isPrime(i) == True:
        print("는 소수입니다")
    i = i + 1
```

위의 코드에서 isPrime(i)가 True가 되었다는 것은 isPrime() 함수에 매개 변수로 넘긴 숫자가 소수라는 뜻이다. 만약 flag 함수가 False로 설정되어 해당 숫자가 소수가 아니라면 isPrime()함수에서는 flag 변수는 False로 계속 존재하게 된다. isPrime()함수 내에서는 flag 변수를 True로 설정하는 부분이 없기 때문이다. 이와 같은 실수를 막기 위해 다음의 코드와 같이 for문을 반복할 때마다 flag는 처음 초기값으로 재설정해주어야 한다.

```
    i = 2
    while i <= 20:
        flag = True
        if isPrime(i) == True:
            print("는 소수입니다")
        i = i + 1
```

이러한 코드는 파이썬 프로그래밍에 익숙한 독자들도 간혹 놓치는 부분이다. flag = True가 없다고 하더라도 컴파일하고 실행하는데는 아무 문제가 없기 때문이다. 결국 이 프로그램을 실행해보고 출력된 이상한 결과를 직접 확인한 이후에야 비로소 뭔가 문제가 있음을 알게된다. 그러한 문제를 야기시킨 원인이 위의 플래그 변수의 재설정으로 인한 것이었음을 재빠르게 알아채기는 쉽지않다. 플래그 변수의 재설정을 생략했을 때의 결과는 전체 코드에서 여러분들이 직접 수정해서 확인해보기 바란다.

다음은 약수 구하는 전체 코드와 실행 결과다.

제곱근 함수 대신 제어 변수의 제곱값을 사용하는 방법과 플래그 변수를 사용하는 방법에 대해서 제대로 이해하고 넘어가보자.

전체 코드

```python
def solve(n):
    ans = 0

    i = 1
    while i <= n:
        if n % i == 0:
            print("약수 : {0}".format(i))
        i = i + 1

if __name__ == "__main__":
    n = int(input("입력:"))
    solve(n)
```

다음은 주어진 입력에 대해 약수를 구하는 실행 결과입니다.

실행 결과 ⋯⋯ 🔆

```
administrators-iMac:~ admin$ python3 test.py
입력 :1024
약수 : 1
약수 : 2
약수 : 4
약수 : 8
약수 : 16
약수 : 32
약수 : 64
약수 : 128
약수 : 256
약수 : 512
약수 : 1024
administrators-iMac:~ admin$
```

소수 구하기
(에라토스테네스의 체)

"에라토스테네스의 체"는 앞에서 다룬 소수를 구하는 알고리즘과 달리 많은 수의 소수를 구할 수 있게 해준다. 이 방법은 고대 그리스 수학자 에라토스테네스가 발견하였다. 에라토스테네스의 체는 자연수를 순서대로 늘어놓은 표에서 합성수를 차례로 지워나가면서 소수의 리스트를 얻는 방법이다. 어떤 수가 소수인지 판별하는 방법들 중에서 가장 자주 쓰이는 방법인 에라토스테네스의 체를 구현해보자.

접근풀이 및 조건

알고리즘 이름 중에 에라토스테네스의 체라는 이름이 좀 생뚱맞다고 생각하는 독자들도 있을 것이다. 에라토스테네스는 이 알고리즘을 만든 고대 그리스의 수학자이며 여기서 "체"라는 것은 곡식에서 불순물을 서르는 용도로 쓰는 체를 말한다.

체로 불순물을 걸러서 곡식만 남도록 하듯이 숫자들의 집합을 체로 걸러서 소수만 남기는 알고리즘이라는 의미다. 다음의 과정을 살펴보자.

1부터 100까지의 숫자 중에서 "에라토스테네스의 체"를 사용하여 소수를 구한다고 가정해보자.

1단계 : 시작은 1부터 했지만 1은 소수가 아니므로 제외하고, 그 다음 수인 2는 소수이므로 100까지의 숫자들 중에서 2의 배수인 숫자들은 전부 제거한다(바로 이 제거하는 동작이 "체에 걸른다"는 의미이다).

2단계 : 남아있는 숫자들 중에서 그 다음으로 가장 작은 소수는 3이며, 1단계와 마찬가지로 3의 배수를 모두 제거한다. 다음으로 가장 작은 소수는 5이며, 마찬가지로 5의 배수를 제거하고, 그 다음 작은 소수는 7이며, 마찬가지로 제거한다. 이 작업을 100이 될 때까지 반복한다. 현재 탐색 중인 수가 지워지지 않았으면 그 수는 소수이다.

3단계 : 지워지지 않은 모든 수는 소수이며, 지워진 수는 합성수이다.

다음의 〈힌트〉를 보고 골격 코드를 만들어보자.

골격 코드

```
check = [true] * 1000
cnt = 0
i = 2
k = 1
while i < n:
    if check[i] == true:
        print(i)
        j = 1
        while j < n:
            check[j] = False
            k = k + 1
            j = i * k
        k = 1
    i = i + 1
```

첫 번째 while문은 제어 변수 i를 2부터 n-1까지 반복한다. 이 for문 안에서 배열 checked[i]가 True인지 아닌지를 체크한다. 이 배열 checked[i]가 True가 되면 제어 변수 i는 소수라는 의미이고 따라서 이 if문이 True이면 print() 함수를 사용하여 제어 변수 i를 출력한다.

그 다음 for문은 소수로 확인된 제어 변수 i의 배수를 찾아서 배열 checked[j]에 False로 설정한다. 결국 이 작업이 체로 걸러내는 작업과 마찬가지 역할을 한다.

소수를 구하기 위한 전체 코드는 다음과 같다.

전체 코드

```
True = 1
False = 0

def calc_prime(n):
    check = [True] * 1000
    cnt = 0
    i = 2
```

```
    k = 1
    while i < n:
        if check[i] == True:
            print(i)
            j = 1
            while j < n:
                check[j] = False
                k = k + 1
                j = i * k
            k = 1
        i = i + 1


if __name__ == "__main__":
    n = 20
    calc_prime(n)
```

에라토스테네스의 체로 100까지 걸러낸 최종 소수의 결과는 다음과 같다.

```
D:\work\python>python test.py
2
3
5
7
11
13
17
19

D:\work\python>
```

약수의 합 출력하기

이 문제는 2부터 20까지의 숫자들의 약수들의 합을 출력하는 문제다. 앞의 문제들에서 익힌 약수를 구하는 방법을 응용하면 그리 어렵지않게 구할 수 있다.

🔍 접근풀이 및 조건

앞의 문제들에서 학습한 약수를 구하는 방법을 익혔다면 쉽게 해결할 수 있는 문제이다. 예를 들어 8의 약수를 구해보자. 8의 약수는 1, 2, 4, 8이고, 8의 약수의 합은 1 + 2 + 4 + 8 = 15가 된다.

이 문제에서 고민해야할 고려사항들은 다음과 같다.

> 조건 01   주어진 숫자 n의 약수에는 1과 자기자신도 포함된다.
> 조건 02   약수를 구할 때마다 하나의 변수에 더하여 저장한다.

다음의 조건들을 고려해서 코드를 작성해보자.

💡 힌트

> 힌트 01   주어진 숫자 n의 약수에는 1과 자기자신도 포함된다.

숫자 n에 대해 1과 자기자신도 포함하는 약수를 구하려면 다음과 같은 골격 코드로 구성되어야한다.

골격 코드

```
def f(n):
    i = 1
    while i <= n:
        if n % i == 0:
            print i # 제어 변수 i는 숫자 n의 약수
```

위의 코드에서 보듯이 주어진 숫자 n에 대한 약수를 구하기 위해서는 for문을 1부터 n까지 반복하여 n이 제어 변수 i로 나눠지는지 확인해야 한다. 문제에서 1과 자기자신도 포함해야 된다고 했기 때문에 반복문을 1부터 n까지의 범위로 설정한다.

약수를 구할 때마다 하나의 변수로 저장한다.

약수를 구할 때마다 하나의 변수에 저장해두기 위해서는 다음과 같이 골격 코드를 수정해야한다.

골격 코드

```
def f(n):
    i = 1
    sum = 0
    while <= n:
        if n % i == 0:
            sum = sum + i  # 제어 변수 i는 숫자 n의 약수
        i = i + 1
```

위의 골격 코드가 이 문제의 핵심 코드에 해당된다. 주어진 숫자 n에 대해 1부터 n까지 반복하면서 n을 나누어서 나누어지면 숫자 n에 대한 약수이므로 변수 sum에 덧셈하여 저장하게 된다.

다음의 전체 코드를 보면서 실제 코드를 실행해보자.

전체 코드

```
def solve(n):
    ans = 0
    i = 1

    while i <= n:
        if n % i == 0:
            ans = ans + i
        i = i + 1

    return ans


if __name__ == "__main__":
    n = int(input("입력:"))
    print("약수의합:{0}".format(solve(n)))
```

다음은 약수의 합을 출력하는 코드를 실행한 실행 결과다.

```
D:\work\python>python test.py
입력  : 20
약수의합 : 42

D:\work\python>
```

반복문을 사용하여 최대공약수 구하기

2개의 숫자에 대한 최대공약수를 찾아서 출력해보자. 최대공약수를 구하는 방법은 소인수분해와 유클리드 호제법 2가지가 있다. 이중에서 우리는 유클리드 호제법을 사용하여 최대공약수를 구하는 코드를 작성해보자.

접근풀이 및 조건

먼저 최대공약수의 정의를 알아야한다. 이전 문제에서 우리는 약수를 구하는 여러가지 방법에 대해 학습했다. 최대공약수라는 것은 용어에서 알 수 있듯이 2개의 숫자간의 공통된 약수 중 가장 큰 약수를 말한다.

2개의 숫자를 a와 b라고 하자. a와 b의 최대공약수를 구하는 방법은 소인수분해를 사용하는 방법과 유클리드 호제법이 있다. 먼저 소인수분해의 방법으로 생각해보자. 이 책의 뒷부분에서 소인수분해 문제를 직접 풀어볼 기회가 있을 것이다.

예를 들어, a와 b가 192와 72라고 가정해보자. 192와 72의 최대공약수를 계산하기 위해서 먼저 192와 72를 소인수분해하자.

$192 = 2 \times 2 \times 2 \times 2 \times 2 \times 2 \times 3 = 2^6 \times 3$

$72 = 2 \times 2 \times 2 \times 3 \times 3 = 2^3 \times 3^2$

위의 소인수분해 방식은 여러분들이 초등학교때 배웠던 방법이다. 2개의 숫자를 소인수분해한 후에 결과가 중복되는 부분을 찾아 곱셈하면 된다. 위의 192와 72에서 중복되는 부분은 $2 \times 2 \times 2$와 3이다. 따라서 $2 \times 2 \times 2 \times 3 = 24$가 된다. 결국 192와 72의 최대공약수는 24다.

얼핏 보기에는 소인수분해 방식이 직관적이고 쉬워보일 수는 있으나 컴퓨터로 소인수분해를 빠르게하는 방법이 아직까지는 없다.

따라서 컴퓨터, 특히 알고리즘 분야에서 최대공약수를 구할 때는 두 번째 방법인 유클리드 호제법을 사용한다.

유클리드 호제법은 192와 72 중 큰 숫자를 작은 숫자로 나누어 나머지를 구한다. 192와 72 중에서는 192가 큰 수에 해당되고 72가 작은 수에 해당된다.

따라서 192 % 72 = 48, 즉 192를 72로 나누면 나머지는 48이 된다. 이 48과 72를 비교하여 다시 큰 수를 작은 수로 나누어 나머지를 구한다. 여기서는 72가 큰 수에 해당되고 48이 작은 수에 해당되므로 72 % 48 = 24가 된다. 그 다음 과정은 48 % 24 = 0이고 나머지가 0이 되므로 연산을 중지하고 이전에 구한 나머지 24가 192와 72의 최대공약수가 된다. 바로 이러한 방법으로 최대공약수를 구하는 방식이 유클리드 호제법이다.

이 책에서는 유클리드 호제법의 방식으로 최대공약수를 구해보자.

조건 01 2개의 수 a와 b에서 큰 수를 a라 하고, 작은 수를 b라고 했을 때 a%b가 0이 될 때까지 반복한다.

유클리드 호제법을 사용한 최대공약수에 관련된 설명은 이미 했기 때문에 다음 힌트를 보고 세부 코드를 작성해보자.

💡 : 힌트

힌트 01 큰 수를 a라 하고, 작은 수를 b라고 했을 때 a%b가 0이 될 때까지 반복한다.

다음은 이 문제에 대한 골격 코드이다.

골격 코드

```
def f(a, b):
    # a 〉b 라고 가정한다
        while b > 0:
            c = b
            b = a % b
            a = c
    return a
```

while문을 사용하여 변수 b가 0보다 큰 경우 a%b, 즉 a를 b로 나눈 나머지를 계속 변수 b에 저장하고 그 전의 b는 다시 변수 a에 저장한다. 이 과정을 b가 0보다 클 때까지 반복한다.

다음의 전체 코드를 보고 유클리드 호제법을 이용한 최대공약수를 구하는 방법을 마무리하자.

```
def gcd(p, q):
    if p > q:
        a = p
        b = q
    else:
        a = q
        b = p
    while b > 0:
        c = b
        b = a % b
        a = c
    return a


if __name__ == "__main__":
    r = gcd(24, 64)
    print("24와 64의 최대공약수 : {0}".format(r))
```

위의 코드에서 if와 else 문은 반복문을 사용하여 최대공약수를 계산하기 전에 매개 변수인 p와 q 중에서 큰 수를 변수 a에 저장하고, 작은 수를 b에 저장하기 위한 코드이다.

다음은 반복문을 사용하여 최대공약수를 구하는 코드에 대한 실행 결과이다.

재귀 호출을 사용하여 최대공약수 구하기

앞의 문제에서 학습한 유클리드호제법을 이용한 최대공약수를 구하는 방법은 반복문을 사용했다. 이번에는 동일한 유클리드 호제법을 사용하여 반복문 대신 재귀 호출을 사용하여 최대공약수를 구하는 코드를 만들어보자.

접근풀이 및 조건

유클리드 호제법을 사용하여 최대공약수를 구하는 알고리즘은 반복문을 사용하는 경우보다 재귀 호출을 사용하면 훨씬 간단하게 표현할 수 있다.

다음의 조건을 생각해보자.

조건 01   반복문의 코드 대신 재귀 호출로 작성한다.

앞의 문제에서 반복문의 코드는 다음과 같다.

```
while b > 0:
    c = b
    b = a % b
    a = c
```

위의 코드는 처음에 a와 b로 반복문을 한번 실행하고 나면, 그 다음번에는 b와 a%b로 실행하게 된다. 이 코드를 곰곰히 들여다보면 반복문을 재귀 호출로 변경할 수 있다.

조건 02   재귀 호출의 종료 조건은 작은 수가 0이 될 때 종료한다.

위의 조건들을 고민하면서 다음의 〈힌트〉를 살펴보자.

힌트

힌트 01   반복문의 코드 대신 재귀 호출로 작성한다.

앞의 조건 01 에 있는 반복문의 코드를 재귀 호출 코드로 변경하면 다음과 같다.

골격 코드

```
def f(a, b):
    f(b, a % b)
```

위의 골격 코드가 이 문제의 핵심 코드에 해당된다.

힌트 02   재귀 호출의 종료 조건은 작은 수가 0이 될 때 종료한다.

위의 골격 코드는 재귀 호출의 종료 조건이 없는 재귀 함수이다. 따라서 위의 재귀 함수만으로는 실제 실행할 수는 없다. 재귀 호출의 종료 조건은 b가 0이 되는 경우이고 b가 0이 되면 a를 리턴한다.

다음은 수정된 골격 코드이다.

골격 코드

```
def f(a, b):
    if b == 0:
        return a
    f(b, a % b)
```

이제 재귀 호출을 사용하여 최대공약수를 구하는 전체 코드와 실행 결과를 보자.

```python
def gcd(p, q):

    if q == 0:
        return p
    return gcd(q, p%q)



if __name__ == "__main__":
    r = gcd(24, 64)
    print("24와 64의 최대공약수 : {0}".format(r))
```

실행 결과

```
D:\work\python>python test.py
24와 64의최대공약수 : 8

D:\work\python>
```

소인수분해 구하기

소인수분해는 소수가 아닌 합성수를 소수의 곱으로 나타내는 방법을 말한다. 주어진 숫자의 소인수분해의 결과를 출력하는 코드를 작성해보자.

: 접근풀이 및 조건

이전 문제에서도 말했듯이 컴퓨터로 효과적으로 소인수분해를 풀어내는 알고리즘은 아직 발견되지 않았다. 이 말은 결국 주어진 숫자 n의 소인수분해를 하기 위해서는 2부터 n까지 반복하면서 해당숫자를 나누는 방법뿐이다. 주어진 숫자n을 계속 나누다가 더 이상 나누어지지않으면 연산을 중지하게된다.

[조건 01] 주어진 숫자 n이 i로 나누어지면 해당 i는 n의 인수에 해당하며 n = n / i로 저장하여 이 과정을 반복한다.
[조건 02] 반복문을 간단하게 하기 위해 무한루프를 사용한다.

사실 무한루프를 사용하게 되면 약간의 위험을 감수해야 하지만 무한루프를 빠져 나오는 조건을 살 작성하면 오히려 코드가 간단해지는 장점이 있다.

다음의 〈힌트〉를 보면서 세부 코드를 만들어보자.

: 힌트

[힌트 01] 주어진 숫자 n이 i로 나누어지면 해당 i는 n의 인수에 해당하며 n=n/i로 저장하여 이 과정을 반복한다.

다음은 힌트에 해당하는 골격 코드다.

골격 코드

```
if n%i == 0:
    print i   # i는 n의 약수다
    n = n//i  # n에 n을 i로 나눈 몫을 저장한다
```

위의 골격 코드는 이 문제의 핵심 코드지만 n이 i로 나눠질 때까지 계속 반복해서 위의 작업을 해야한다. 따라서 이 경우에는 무한루프를 사용하는 것이 간단하며 다음의 [힌트 02]에서 볼 수 있듯이 간단하게 무한루프를 처리할 수 있다.

다음은 무한루프가 추가된 골격 코드다.

골격 코드   ● ● ●

```
while 1 :
  if n % i == 0:
    print(i) #i는 n의 약수다
    n = n // i
  else :
    break
  i = i + 1
```

위의 무한루프가 적용된 골격 코드에서 눈여겨봐야 할 부분은 else문이다. 무한루프를 실제로 사용할 때는 무한루프를 빠져나오는 코드를 주의 깊게 작성해야 한다. 위의 골격 코드에서는 숫자 n이 제어 변수 i로 나누어지지 않는 경우가 바로 무한루프를 빠져나오는 경우가 된다.

이제 위의 작업을 제어 변수 i를 2부터 n까지 반복하면 된다.

다음의 소인수분해를 구하는 전체 코드와 실행 결과이다.

전체 코드   ● ● ●

```
def calc_prime_factorization(n):
  i = 2
  while i <= n:
    while 1:
      if n % i == 0:
        print(i)
        n = n // i
      else :
        break
    i = i + 1


if __name__ == "__main__":
  calc_prime_factorization(48)
```

```
명령 프롬프트                                                    —  □  ×
D:\work\python>python test.py
2 2 2 2 3
D:\work\python>
```

반복문 while은 조건이 거짓이 될 때까지 수행 문장을 반복해주는 구문이다.

다음의 예제 코드를 살펴보자.

〈예제 1〉 while문의 기본적인 예제

```
i=0
while i < 5:  # 조건문

    print i   # 수행문장
    i += 1 # 수행문장
```

위의 파이썬 코드를 실행하면 다음과 같이 0부터 4까지 총 5개의 숫자를 화면에 출력한다.

```
0
1
2
3
4
```

break를 사용하면 다른 프로그래밍 언어에서도 그러하듯이, while문 실행 중에 강제로 while문을 탈출할 수 있게 된다.

〈예제 2〉 break문의 사용 예제

```
i = 1

while i:
   print i
   i += 1
   if i>=5:
      break
```

위 예제 프로그램의 실행 결과는 다음과 같다.

```
1
2
3
4
```

continue를 사용하면 while문 실행 중에 조건문으로 돌아갈 수 있다. 1~10까지 수에서 짝수를 출력하는 예제 프로그램에서 continue문을 어떻게 사용하는지 확인해보자.

〈예제 3〉 continue 문의 사용 예제

```
i = 0

while i < 11: # 조건문
   i += 1
   # i를 2로 나눈 값이 1이면 continue 실행
   if i % 2 != 0:
      continue # 조건문으로 돌아간다.
   print i
```

위 continue문에 대한 예제 프로그램을 실행하면 다음과 같은 결과를 확인할 수 있다.

```
2
4
6
8
10
```

while 조건문에 1, True등… 항상 참인 값을 넣어주면 break가 실행되기 전까지 무한히 반복한다. 무한 루프는 상당히 많이 쓰인다. 조건이 언제 만족될지 모르지만 만족될 때까지 실행해야 할 때, 계속 반복 실행되야하는 프로그램 등 다양한 상황에 사용된다.

〈예제 4〉 무한루프의 사용 예제

```
i = 0

while 1:     # 무한 루프
  i = i + 1
  print i
  if i > 10:  # i가 10보다 커지면 break
     break
```

위의 무한루프 예제 프로그램을 실행하면 다음과 같은 결과를 얻을 수 있다.

```
1
2
3
4
5
6
7
8
9
10
11
```

최소공배수 구하기

이번에 해결해야 할 문제는 최소공배수를 구하는 문제다. 최소공배수는 용어의 이름에서도 알 수 있듯이 2개의 숫자의 배수 중에서 공통된 가장 작은 배수를 말한다. 예를 들어, 2와 3의 최소공배수는 6이 된다. 2개의 숫자 중에서 최소공배수를 구하는 코드를 작성해보자.

📑 접근풀이 및 조건

2개의 숫자 a와 b의 최소공배수를 구하는 방법 중에는 이전 문제에서 학습한 소인수분해를 사용하는 방법이 있다. 2개의 숫자 192와 72의 최소공배수를 소인수분해를 이용하여 구해보자. 일단 2개의 수를 소인수분해한다. 192와 72에 대한 소인수분해는 "013. 반복문을 사용한 최대공약수 구하기"에서 이미 다뤘다.

$192 = 2 \times 2 \times 2 \times 2 \times 2 \times 2 \times 3 = 2^6 \times 3$

$72 = 2 \times 2 \times 2 \times 3 \times 3 = 2^3 \times 3^2$

위와 같이 192와 72의 소인수분해를 구한 후에 최소공배수를 구하기 위해서는 위의 소인수 중에서 지수가 가장 큰 수를 찾아 곱한다. 위의 소인수는 2와 3이며 2와 3의 지수 중 큰 지수를 갖는 것은 2^6과 3^2가 된다. 결국 192와 72의 최소공배수는 소인수 중 가장 큰 지수를 갖는 소인수들의 곱으로 구할 수 있기 때문에 $2^6 \times 3^2 = 576$이다.

그러나 위와 같은 소인수분해의 개념은 앞의 여러 문제들에서도 말했듯이 사람은 이해하기 쉽지만 컴퓨터에서 쉽게 사용할 수 있는 알고리즘으로 구현하기는 쉽지않다.

따라서 이 문제에서는 소인수분해 방법을 사용하지 않고 간단하게 2개의 숫자가 동시에 나누어질 수 있는 수 중에 처음 나오는 수를 구하는 방식으로 구현해보자.

조건 01   반복문을 사용하여 2개의 숫자가 모두 나눠질 수 있는 첫 번째 나오는 수를 구한다.
조건 02   반복문의 끝을 어떤 수로 설정할지 고민해야 한다.

위의 조건들을 고민하면서 다음의 〈힌트〉를 보고 세부 코드를 작성해보자.

💡 힌트

힌트 01   반복문을 사용하여 2개의 숫자 중에서 첫 번째 나오는 수를 구한다.

2개의 숫자가 모두 나눠질 수 있는 첫번째 수를 구하기 위한 골격 코드는 다음과 같다.

```
i = 2
while i < n:
  if i % a == 0 and i%b == 0:
    break
  i = i + 1
```

위의 골격 코드는 이해하기 어렵지는 않다. 제어 변수 i를 2부터 n까지 증가시키면서 2개의 숫자 a와 b로 나누어서 동시에 나누어지게 되면 for문을 빠져나온다. 바로 이 제어 변수 i가 a와 b의 최소공배수가 된다.

(힌트 02)   반복문의 끝을 어떤 수로 설정할지 고민해야 한다.

정수형의 범위를 넘는 아주 큰 수의 경우가 아니라면 2개의 수의 최소공배수를 구할 때 n은 a와 b를 곱한 수로 설정한다. 2개의 수의 최소공배수가 존재한다면 반복문이 a*b가 되기 전에 종료하게 된다.

다음은 수정한 골격코드다.

```
i = 2
while i < a * b:
  if i % a == 0 and i%b == 0:
    break
  i = i + 1
```

🔧 실수 포인트

(실수 포인트 01)   return문과 제어문을 함께 사용해본다.

함수를 리턴할 때 a가 b보다 크다면 1을 리턴하고, 그렇지않다면 0을 리턴하는 경우 다음과 같이 코드를 만들게된다.

```
def f():
  if a > b:
        return 1
  else:
        return 0
```

위의 코드를 삼항연산자를 사용해 한문장으로 바꿀 수 있다. 다음의 코드를 살펴보자.

```
def f():
  return a > b ? 1 : 0
```

실무에서 코드를 작성하다 보면 위와 같이 삼항연산자를 사용하는 return문을 종종 만나게 된다.

이제 전체 코드와 실행 결과를 살펴보자.

전체 코드

```
def calc_LCM(n):
  a = 2
  b = 3
  c = 5
  i = 2

  while i < n:
    if (i % a == 0) and (i % b == 0) and (i % c == 0):
      break
    i = i + 1
  print("2, 3, 5의 최소공배수 : {0}".format(i))


if __name__ == "__main__":
  calc_LCM(100)
```

실행 결과는 다음과 같다.

······ :🔆:

```
D:₩work₩python>python test.py
2,3,5의최소공배수 : 30

D:₩work₩python>
```

파이썬에서는 가장 기본적으로 사용하는 단위가 함수라고 할 수 있다. 그렇다면 함수는 무엇을 말하는 것일까? 간단히 말해서 프로그래밍에서 함수는 코드를 묶어 놓은 것이다. 프로그래밍을 하다보면 중복되는 코드가 많이 발생한다. 그 중복되는 코드를 하나의 함수로 정의하고 가져다 사용하면 많은 중복을 줄일 수 있다.

함수는 매개변수와 리턴 값을 가진다. 매개변수와 리턴 값은 없어도 함수지만, 대부분의 함수는 매개변수에 대한 리턴 값이 존재하게 구현된다.

파이썬에서 함수의 구조는 다음과 같은 형태를 갖는다.

```
# 입력인자와 반환값은 있을 수도 없을 수도 있다.
def 함수명 (입력인자1, 입력인자2...) :
    <수행 문장1>
    <수행 문장2>
    ...
    return 반환값
```

파이썬에서 함수를 사용하는 방법은 다음과 같다.

```
# 매개 변수가 없는 함수
def say():
   return 'hello'

a = say()
print('매개 변수가 없는 함수')
print(a)

# 매개 변수가 여러 개인 함수
def say(say1, say2):
   print(say1 + ' ' + say2)

print('매개 변수가 여러 개인 함수')
say('one', 'two')

# 리턴값이 없는 함수
def say():
   print('hello')

print('리턴값이 없는 함수')
say()
```

위의 프로그램을 실행하면 다음과 같은 결과를 얻을 수 있다.

```
매개 변수가 없는 함수
hello

매개 변수가 여러 개인 함수

one two

리턴값이 없는 함수
hello
```

다른 프로그래밍 언어와 마찬가지로 파이썬에서도 함수의 매개 변수와 리턴값은 있거나 없을 수도 있다. 다음의 예제 코드를 살펴보자.

```python
# 리턴값이 여러 개인 함수
def say(say1, say2):
    return (say1, say2)


a = say('one', 'two')
print('리턴값이 여러 개인 함수')
print(a[0] + ' ' + a[1])

# 매개 변수가 몇 개인지 모를 경우
def echo(say1, say2, *args):
    print(say1 + ' ' + say2)
    for i in args:
        print(i)


print('매개 변수가 몇 개인지 모를 경우')
echo('one', 'two', 'three', 'four')
```

위 예제 코드를 실행하면 다음과 같은 결과를 확인할 수 있다.

```
리턴값이 여러 개인 함수
one two

매개 변수가 몇 개인지 모를 경우
one two
three
four
cs
```

배열 채우기(1)

알고리즘 문제를 풀다보면 배열을 사용하는 경우가 자주 발생한다. 이 문제는 배열의 현재 항목을 계산할 때 이전 항목들을 연산하여 작성하는 코드를 만들어보자.

📋 접근풀이 및 조건

파이썬을 비롯한 여러 프로그래밍 언어에서는 대부분 배열이라는 자료구조를 기본적으로 제공한다. 배열은 몇 가지 단점들도 존재하지만, 그럼에도 불구하고 알고리즘 코드에서 배열을 자주 사용하는 이유는 배열의 가장 큰 장점 중 하나인 쉬운 인덱스 처리에 있다.

> **조건 01**   배열을 사용할 때 인덱스 + 1 개의 배열을 선언해야 한다.
> **조건 02**   이전 2개의 항목을 더하여 현재 배열의 값으로 저장한다.

위의 조건들을 고민하여 다음의 〈힌트〉들을 살펴보자.

💡 힌트

> **힌트 01**   배열을 사용할 때 인덱스 + 1 개의 배열을 선언해야 한다.

보통 C 프로그래밍을 작성할 때는 실제 배열을 사용하는 코드보다 배열의 선언을 하는 문장이 먼저 오게 마련이다. 예를 들어, 다음의 코드를 살펴보자.

```
a = [1] * 100
```

위의 배열 a의 인덱스를 반복문으로 액세스하려고 할 때는 어떻게 설정해야할까?

```
i = 0
wile i < 100:
    print(a[i])
    i = i + 1
```

그러나 생각을 약간 바꾸어서 a[10]까지 액세스하는 코드가 있다고 하면 배열 a는 어떻게 선언해야 할까?

정답은 다음의 코드와 같이 11개의 항목을 갖도록 선언해야 한다.

```
a = [1] * 11
i = 0
while i <= 10:
    print(a[i])
    i = i + 1
```

이러한 배열의 인덱스 처리는 쉬워 보이기도 하지만 종종 실수하는 부분이다. 혼동하지 않도록 코드를 완전히 숙지해두자.

힌트 02   이전 2개의 항목을 더하여 현재 배열의 값으로 저장한다.

다음의 그림을 보고 a[2]의 값은 무엇이 될까?

▲ 배열의 처리

다음과 같은 연산이 이루어진다.

a[3] = a[2] + a[1] = 2 + 1 = 3
a[4] = a[3] + a[2] = 3 + 2 = 5
a[5] = a[4] + a[3] = 5 + 3 = 8

.....

위와 같은 연산이 실행되도록 반복문을 사용하여 코드를 작성하면 다음과 같은 골격 코드를 만들 수 있다.

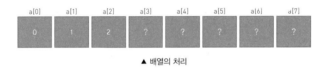
골격 코드

```
i = 3
while i <= 10:
    a[i] = a[i - 1] + a[i - 2]
    i = i + 1
```

위의 골격 코드에서 a[0], a[1], a[2]의 값이 주어져 있으므로 반복문의 제어 변수 i는 3부터 시작하며 반복문의 끝은 10까지다. 따라서 배열 a의 선언은 a=[1]*11로 해야한다. a=[1]*10으로 하게 되면 앞의 for문을 실행할 때 문제가 된다.

전체 코드와 실행 결과는 다음과 같다.

전체 코드

```python
a = [1] * 100
def calc_array(n):
    a[1] = 1
    a[2] = 1

    i = 3
    while i <= n:
        a[i] = a[i-1] + a[i -2] + 1
        i = i + 1

if __name__ == "__main__":
    calc_array(10)
    i = 0
    while i <= 7:
        print(a[i])
        i = i + 1
```

실행 결과

```
D:\work\python>python test.py
1
1
1
3
5
9
15
25

D:\work\python>
```

배열 채우기(2)

이 문제는 이전 문제에서 학습한 배열을 채우는 방식과 달리 직접 배열이 인덱스 연산을 하여 배열을 채우는 연산과 관련된 문제이다.

접근풀이 및 조건

다음의 코드를 보고 배열 a에는 어떤 값들이 저장되는지 예상해보자.

```
i = 2
while i <= 100:
    a[i] = a[i/2] + 1
    i = i + 1
```

위의 코드에서 배열 a의 인덱스는 제어 변수 i를 2로 나누어 새로운 인덱스를 구한 후에 그 새로운 인덱스의 값에 1을 더한 값을 저장한다. 글로 쓰면 복잡해 보이지만 수식으로 표현하면 다음과 같이 간단하게 볼 수 있다.

a[1] = 1
a[2] = a[2/2] + 1 = a[1] + 1 = 1 + 1 = 2
a[3] = a[3/2] + 1 = a[1] + 1 = 1 + 1 = 2
a[4] = a[4/2] + 1 = a[2] + 1 = 2 + 1 = 3
a[5] = a[5/2] + 1 = a[2] + 1 = 2 + 1 = 3

.....

이러한 배열에서 주의해야 할 점은 역시 배열의 인덱스이다.

조건 01 배열 a를 1부터 100까지 액세스할 때 a의 선언은 100 + 1개로 해야 한다.
조건 02 배열 a[0]의 초기값에 대해 고민해야 한다.

다음의 힌트를 보면서 세부 코드를 작성해보자.

힌트

힌트 01 배열 a를 1부터 100까지 액세스할 때 a의 선언은 100 + 1개로 해야한다.

역시나 배열을 사용할 때는 액세스하는 인덱스의 범위를 보고 배열의 선언을 할 때 주의해야 한다.

배열 a가 1부터 100까지 액세스할 때는 다음의 코드와 같이 101개의 항목을 선언해야 한다.

```
a = [0] * 101
i = 1
while i <= 100:
    # 배열 a의 액세스
    i = i + 1
```

배열 a의 선언을 101개가 아닌 100개로 하게 되면 컴파일할 때 별다른 오류가 나타나지 않지만 for문을 실행하게 되면 문제가 된다. 여러분들이 직접 코드를 100으로 변경해서 실행해보기 바란다.

힌트 02 배열 a[0]의 초기값에 대해 고민해야 한다.

이 문제에서는 배열 a의 인덱스를 1부터 100까지만 사용한다. 파이썬에서 배열의 인덱스는 0부터 시작하기 때문에 a[0]의 값이 문제가 될 수 있다. 이 문제에서는 비록 a[0]을 액세스하는 경우는 없지만, 여러분들이 코드를 수정하거나 추가하면서 a[0]을 액세스할 수 있기 때문에 a[0]의 초기값에 대해 고민해야 한다.

사실 전역 변수로 배열 a를 다음과 같이 선언하게 되면 자동적으로 0으로 초기화되기 때문에 a[0]의 초기값에 대해서는 고민할 필요가 없다.

```
a = [0] * 101
def f():
    # 배열 a의 처리
```

여기서 배열 a는 전역 변수로 선언되었기 때문에 0으로 자동적으로 초기화된다.

그러나 지역 변수인 경우는 여러분들이 직접 초기화 코드를 작성해줘야 한다. 0으로 초기화하는 경우는 다음과 같이 사용하면 쉽게 초기화가 가능하다. 단, 0이 아닌 값으로 배열을 초기화하려면 어쩔 수 없이 반복문을 사용하여 일일이 초기화해야 한다.

```
def f():
    a = [0] * 101
    # 배열 a에 대한 처리
```

다음은 배열을 채우는 문제에 대한 전체 코드와 실행 결과이다.

전체 코드

```
a = [0] * 101
def calc_array(n):
    a[1] = 1

    i = 2
    while i <= n:
        a[i] = a[i // 2] + 1
        i = i + 1


if __name__ == "__main__":
    calc_array(100)
    i = 0
    while i <= 100:
        print(a[i])
        i = i + 1
```

이 문제에 대한 실행 결과는 다음과 같다.

실행 결과

```
D:\work\python>python test.py
0 1 2 3 3 3 4 4 4 5 5 5 5 5 5 5 5 5 5 6 6 6 6 6 6 6 6 6 6 6 6 6 6 6 6 6 6 6 6 6
6 6 6 7 7 7 7 7 7 7 7 7 7 7 7 7 7 7 7 7 7 7 7 7 7 7 7 7 7 7 7 7 7 7 7
D:\work\python>
```

반복문을 사용하여 조합(nCr) 구하기

이 문제는 n개 중에서 r개를 선택할 때의 경우의 수를 구하는 문제다. 단순하게 공식으로 외울 수도 있지만, 앞으로 다루게 될 여러 알고리즘의 근간이 되는 코드를 배울 수 있으므로 그 기본적인 원리에 대해서 세심하게 학습해보자. 먼저 이 문제는 반복문을 사용하여 조합 알고리즘을 구현하는 문제이다.

📑 접근풀이 및 조건

조합은 수식으로는 nCr로 표현하며 n개 중에서 r개를 고르는 경우의 수라고 표현한다. 수학 공식으로 표현하면 다음과 같다.

$$nCr = \frac{n!}{r!(n-r)!}$$

▲ 조합 공식

예를 들어, 10개 중에서 3개를 뽑는 경우의 수를 위의 수식으로 풀어보면 다음과 같다.

$$10C3 = \frac{10!}{3!(10-3)!}$$

$$= \frac{10 \cdot 9 \cdot 8}{3 \cdot 2 \cdot 1}$$

$$= 120$$

위와 같은 공식으로 작성한 반복문을 이용한 조합의 코드는 다음과 같다.

전체 코드

```
def combi(n,r):
    i = 1
    p = 1
    while i <= r:
        p = p * (n - i + 1) // i
        i = i + 1
```

```
    return p


if __name__ == "__main__":
  n = 0

  while n <= 5:
    r = 0
    while r <= n:
      print("{0} C {1} = {2}".format(n,r,combi(n,r)))
      r = r + 1
    n = n + 1
```

실행 결과는 다음과 같다.

실행 결과 ······ :💡:

```
D:\work\python>python test.py
0 C 0 = 1
1 C 0 = 1 1 C 1 = 1
2 C 0 = 1 2 C 1 = 2 2 C 2 = 1
3 C 0 = 1 3 C 1 = 3 3 C 2 - 3 3 C 3 = 1
4 C 0 = 1 4 C 1 = 4 4 C 2 = 6 4 C 3 = 4 4 C 4 = 1
5 C 0 = 1 5 C 1 = 5 5 C 2 = 10 5 C 3 = 10 5 C 4 = 5 5 C 5 = 1

D:\work\python>
```

재귀 호출을 사용하여 조합(nCr) 구하기

이 문제는 n개 중에서 r개를 선택할 때의 경우의 수 구하는 문제를 재귀 호출로 풀어보는 코드를 작성해보자. 앞에서는 단순하게 공식으로 표현하여 코드로 작성했지만, 이번 Lesson에서는 조합의 원리와 그 원리에서 파생된 알고리즘을 고민하여 코드를 작성해보자. 이 문제는 취업할 때 기술 면접 혹은 알고리즘 시험에서 자주 출제되는 단골 문제이다. 조합의 개념을 재귀 호출로 어떻게 풀어내는지 꼼꼼하게 봐야한다.

접근풀이 및 조건

조합의 정의를 조금 다르게 생각해보자. n개 중에서 r개를 선택하는 경우의 수를 f(n,r)로 정의하면 다음과 같은 함수로 정의가 된다.

$$f(n,r) = \text{마지막 물건을 고른 경우의 수} + \text{마지막 물건을 고르지 않은 경우의 수}$$

물건을 고르는 경우의 수는 "해당 물건을 고른 경우"와 "해당 물건을 고르지 않은 경우"로 나눌 수 있으며, 따라서 위의 수식처럼 마지막 물건을 고른 경우의 수와 마지막 물건을 고르지 않았을 때의 경우의 수로 나눌 수 있다.

예를 들어, 3개의 물건 중에서 2개를 고르는 경우의 수를 구한다고 생각해보자. 조합 공식으로 표현하면 $_3C_2$가 된다. 또 위의 함수로 표현하면 f(3,2)로 표현할 수 있다. 이 경우는 다음과 같이 3가지 종류로 나눌 수 있다.

▲ 3C2 조합의 경우의 수

3개의 물건 중에서 2개의 물건을 고르는 경우의 수는 위의 그림과 같이 표현할 수 있는데, 이 중에서 마지막 물건을 보자. 마지막 물건은 3개의 경우 중에서 1번은 선택을 받았고, 2번은 선택받지 못했다.

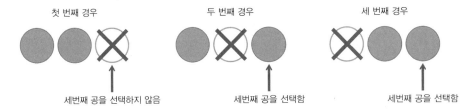

첫 번째 경우   두 번째 경우   세 번째 경우

세번째 공을 선택하지 않음   세번째 공을 선택함   세번째 공을 선택함

▲ 세번째 공을 선택한 경우와 그렇지 않은 경우

이제 3개의 물건에서 2개의 물건을 선택하는 경우의 수는 다음과 같이 2가지로 나누어 생각해 볼 수 있다.

(1) 세 번째 공을 선택하지 않은 경우

(2) 세 번째 공을 선택한 경우

위의 경우의 수를 이용해 세 번째 공을 선택하지 않은 경우와 세 번째 공을 선택한 경우를 조건으로 하여 코드를 작성해보자.

: 힌트

> 힌트 01   조합의 경우는 마지막 물건을 선택한 경우와 그렇지 않은 경우로 나누어 생각해야 한다.

앞의(조건)에서 설명한대로 세 번째 공을 선택한 경우와 선택하지 않은 경우로 나누어 생각해보자.

(1) 세 번째 공을 선택하지 않은 경우

세 번째 공을 선택하지 않은 경우는 다음과 같이 남은 2개의 공에서 2개를 선택하는 경우다.

남은 2개의 공에서 2개를 선택하는 방법 = 2C2

▲ 남은 2개의 공에서 2개를 선택하는 방법

남은 2개의 공에서 2개를 선택하는 방법은 $_2C_2$로 표현할 수 있으며, 조합에 대한 함수 f로 표현하면 f(2,2)가 된다. 처음 문제였던 3개 중에서 2개를 선택하는 방법은 f(3,2)에서 마지막 1개를 선택하지 않으면 선택의 수는 여전히 2개로 남아있지만 선택할 수 있는 수는 3에서 2로 줄어든다.

마지막 1개를 선택하지 않은 f(n-1, r)로 표현할 수 있다.

(2) 세 번째 공을 선택한 경우

세 번째 공을 선택한 경우는 이제 남은 선택의 경우는 1가지밖에 없다. 결국 다음 그림과 같이 2가지 경우 중의 한 경우가 되어야한다.

첫 번째 공을 선택한 경우

두 번째 공을 선택한 경우

▲ 남은 두개의 공에서 두개를 선택하는 방법

이 경우는 이미 세 번째 공을 선택했기 때문에 2개의 공을 선택하는 경우에서 1개의 공을 선택한 경우로 바뀌게 된다. 따라서 문제는 2개의 공에서 1개의 공을 선택하는 경우의 수 ,즉 $_2C_1$이 된다.

조합 함수 f로 표현하면 f(2,1)로 표현할 수 있으며 f(n-1, r-1)로 표현할 수 있다.

세 번째 공을 선택하느냐 선택하지 않느냐에 따라서 다음과 같이 재귀 형태의 점화식으로 표현할 수 있다.

$$f(n,r) = f(n-1, r-1) + f(n-1,r)$$

즉, n개에서 r를 선택하는 경우의 수는 (n-1)에서 (r-1)개를 선택하는 경우와 (n-1)개에서 r개를 선택하는 경우의 수를 합친 것과 같다.

다음 부분은 이 알고리즘에서 가장 중요한 핵심 코드인 골격 코드이다.

골격 코드

```
def combi(n,r):
    return combi(n-1,r) + combi(n-1, r-1)
```

조합의 수식을 다음과 같이 표현할 수 있다면 재귀 호출을 적용할 수 있다는 것을 알 수 있다.

$$f(n,r) = f(n-1, r-1) + f(n-1,r)$$

위의 재귀 함수를 빠져나오는 조건은 r이 0이 되거나 n이 되는 경우 뿐이다.

다음의 전체 코드를 보면서 이해하도록 해보자.

```python
def combi(n,r):
    if r == 0 or r == n:
        return 1
    else:
        return combi(n-1,r) + combi(n-1, r-1)


if __name__ == "__main__":
    n = 0

    while n <= 5:
        r = 0
        while r <= n:
            print("{0} C {1} = {2}".format(n,r,combi(n,r)))
            r = r + 1
        n = n + 1
```

실행 결과는 다음과 같다.

실행 결과 ......

```
D:\work\python>python test.py
0 C 0 = 1
1 C 0 = 1 1 C 1 = 1
2 C 0 = 1 2 C 1 = 2 2 C 2 = 1
3 C 0 = 1 3 C 1 = 3 3 C 2 = 3 3 C 3 = 1
4 C 0 = 1 4 C 1 = 4 4 C 2 = 6 4 C 3 = 4 4 C 4 = 1
5 C 0 = 1 5 C 1 = 5 5 C 2 = 10 5 C 3 = 10 5 C 4 = 5 5 C 5 = 1

D:\work\python>
```

최적화한 조합

재귀 호출을 사용하여 조합 알고리즘을 만드는 방법은 f(n−1, r)과 f(n−1,r−1)이라는 2개의 재귀 함수를 호출하게 된다. 알고리즘의 성능을 위해서는 재귀 함수를 줄이는 것이 중요하다. 이 문제는 재귀 함수의 2번의 호출을 1번의 호출로 변경하는 알고리즘을 작성해보자.

📑 접근풀이 및 조건

조합 함수의 수학식을 다시 한 번 살펴보자.

조합 함수 f(n, r)는 다음과 같이 정의할 수 있다.

$$f(n, r) = \frac{n!}{r!(n-r)!}$$

▲ 조합 함수 f(n,r)

위의 조합 함수는 n개 중에서 r개를 선택하는 경우의 수이다. 이번에는 n개 중에서 r−1개를 선택하는 경우의 수를 구해보자.

$$f(n, r-1) = \frac{n!}{(r-1)!(n-r+1)!}$$

▲ 조합 함수 f(n,r−1)

위의 식을 이용하면 f(n,r)을 다음과 같이 변경할 수 있다.

$$f(n, r) = f(n,r-1) \times \frac{n-r+1}{r}$$

▲ 수정된 조합 함수 f(n,r)

위의 식은 재귀 함수의 형식으로 수정됐다. n개에서 r개를 선택하는 경우의 수 f(n,r)은 n개에서 (r−1)개를 선택하는 경우의 수 f(n, r−1) × (n−r+1)/r을 곱하면 된다.

조건 01 f(n,r) = f(n, r−1) × (n−r+1)/r 형태로 재귀 호출 형태의 조합 함수를 작성한다.

위의 조건에 맞도록 코드를 작성해보자.

f(n,r) = f(n, r−1)×(n−r+1)/r 형태로 재귀 호출형태의 조합 함수를 작성한다.

f(n,r) = f(n, r−1) X (n−r+1)/r 형태의 코드를 작성한 골격 코드는 다음과 같다.

골격 코드

```
def combi(n,r):
    return combi(n,r-1)*(n-r+1)//r
```

조합 함수인 combi() 함수를 재귀 함수 형태로 구성했기 때문에 앞의 문제에서 사용한 2번의 재귀 호출 대신 1번의 재귀 호출만으로 조합 함수를 구현할 수 있다.

이제 전체 코드와 실행 결과를 확인해보자.

전체 코드

```
def combi(n,r):
    if r == n:
        return 1
    elif r == 1:
        return n
    else:
        return combi(n,r-1)*(n-r+1)//r


if __name__ == "__main__":
    n = 1

    while n <= 5:
        r = 1
        while r <= n:
            print("{0} C {1} = {2}".format(n,r,combi(n,r)))
            r = r + 1
        n = n + 1
```

실행 결과는 다음과 같다. 앞에서 확인한 결과와 동일하다.

```
D:\work\python>python test.py
1 C 1 = 1
2 C 1 = 2 2 C 2 = 1
3 C 1 = 3 3 C 2 = 3 3 C 3 = 1
4 C 1 = 4 4 C 2 = 6 4 C 3 = 4 4 C 4 = 1
5 C 1 = 5 5 C 2 = 10 5 C 3 = 10 5 C 4 = 5 5 C 5 = 1

D:\work\python>
```

대리석 채우기

크기가 2×1 또는 2×2 크기의 대리석 조각을 직사각형 모양의 벽면에 붙이려고 한다. 직사각형은 2×n의 크기를 갖는다고 할 때 대리석 조각으로 직사각형을 모두 커버할 수 있는 가능한 수를 구해보자. 여기서 2×1과 2×2 크기의 대리석 조각은 다음의 3가지 종류가 존재한다.

▲ 3가지 종류의 대리석 조각

🔍 접근풀이 및 조건

이 문제는 근래에 들어 자주 출제되고 있는 형태의 문제이다. 보기에는 그리 어려워보이지 않지만 처음이 문제를 접하는 독자들이라면 쉽게 풀지는 못할만큼 꽤나 난이도가 높은 문제이다. 먼저 채우는 함수f()를 다음과 같이 정의하자.

f(n) = 2×n 크기를 갖는 직사각형 벽면을 조건에 맞게 채운 경우의 수

위와 같은 채우는 함수f()는 f(0)가 되면 "직사각형을 아무것도 채우지않는 경우의 수"가 되므로 1이 된다. 즉 f(0) = 1이다.

f(1)은 "2x1 크기의 직사각형을 채우는 경우의 수"이므로 2×1크기의 대리석 조각으로만 채울 수 있다. 따라서 f(1) = 1이 된다.

그렇다면 f(2)는 어떻게 될까? f(2)는 "2×2 크기의 벽면을 대리석 조각으로 채우는 경우의 수"가 되므로 다음의 3가지 경우가 있을 수 있다.

대리석 조각 1
2개를 사용하여 채운 경우

대리석 조각 3
1개를 사용하여 채운 경우

대리석 조각 2
2개를 사용하여 채운 경우

▲ 채우기 함수 f(2)의 경우의 수

그렇다면 f(n)은 어떻게 될까? f(n)은 다음과 같이 3가지 경우로 나눠볼 수 있다.

(1) 2×1 대리석 조각을 사용하는 경우

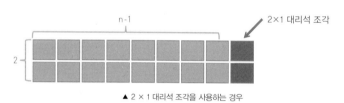

▲ 2 × 1 대리석 조각을 사용하는 경우

2×1 타일을이용하여 f(n)을 만드는 경우를 살펴보자.

이 경우에는 f(n−1)까지 모두 채워져있어야 2×1 타일을 사용할 수 있다. 위의 그림과 같이 (n−1)개의 경우를 모두 채우고나서 2×1 타일을 이용하여 최종적으로 f(n)을 만들 수 있는 방법은 마지막에 2×1 타일을 붙이는 경우 1가지 뿐이다. 따라서 f(n)을 만드는 방법은 f(n−1)을 만드는 방법의 수와 같다.

(2) 1×2 타일을이용하는경우

이 경우에는 f(n−2)까지 모두 채워져있어야하며 1×2 타일 2개를 사용하는 방법 외에는 없다.
따라서 f(n)을 만드는 방법은 f(n−2)를 만드는 방법과 같다.

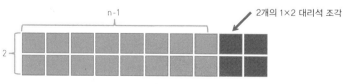

▲ 2개의 1 × 2 대리석 조각을 사용하는 경우

(3) 2×2 타일을 이용하는 경우

이 경우도 f(n)을 채우는 방법을 구하기 위해서는 f(n−2)를 채우는 방법에 2×2를 사용하는 방법뿐이다. 따라서 f(n)을 만드는 방법은 f(n−2)를 만드는 방법과 같다.

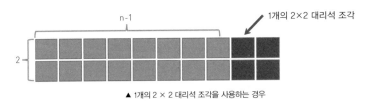

▲ 1개의 2 × 2 대리석 조각을 사용하는 경우

결국 f(n)을 구하는 방법은 위의 3가지 방법의 합이 된다.

$$f(n) = f(n-1) + f(n-2) + f(n-2)$$
$$= f(n-1) + 2f(n-2)$$

🔅 : 힌트

> **힌트 01** n에 따라 대리석 조각의 점화식으로 표현할 수 있다.

위의 3개의 대리석 조각을 점화식으로 표현하면 다음과 같이 n에 따라 나누어 표현할 수 있다.

$$n \leq 1이면 f(1) = 1$$
$$n > 이면 f(n-1) + 2f(n-2)$$

이러한 점화식을 코드로 표현하면 다음과 같은 골격 코드를 만들 수 있다.

골격 코드

```
def f(k,m):
    if k <= 1:
        return 1 % m
    else:
        return (f(k - 1,m) + 2 * f(k - 2,m)) % m
```

이 문제는 처음 접하게 되면 해결 방법을 쉽게 생각해내기가 어렵지만 막상 풀이과정을 이해하고 코드를 보면 의외로 간단하다.

다음은 대리석을 채우는 전체 코드와 실행 결과이다.

```python
def f(k,m):
    if k <= 1:
        return 1 % m
    else:
        return (f(k - 1,m) + 2 * f(k - 2,m)) % m


if __name__ == "__main__":
    n = int(input("n : ")) # n = 8
    m = int(input("m : ")) # m = 100
    print(f(n,m))
```

실행 결과 ⋯⋯ 💡

```
D:\work\python>python test.py
n : 8
m : 100
71

D:\work\python>
```

두 숫자간의 차이 구하기

파이썬에서는 기본적인 라이브러리를 통해 두 숫자간의 차이를 구하는 기능을 제공하지만, 이번 문제에서는 이러한 기능을 직접 간단하게 코드로 작성해보자.

📝 접근풀이 및 조건

두 숫자 a와 b에 대한 차이를 구하기 위해서는 두 숫자 중에서 어떤 수가 더 큰지 아는 것이 중요하다. 두 숫자의 크기만 비교하면 차이를 구하는 것은 간단하다. 특별히 어려운 부분이 없는 코드이므로 다음의 전체 코드와 실행 결과를 보고 이해하도록 하자.

전체 코드

```python
def abs(a, b):
    if a > b:
        return a - b
    else:
        return b - a


if __name__ == "__main__":
    a = -15
    b = 77
    print("|{0} - {1}| = {2}".format(a,b,abs(a,b)))
```

사실 파이썬에서는 절대값을 구하는 함수인 abs() 함수를 기본적으로 제공한다. 따라서, 굳이 별도의 절대값 함수를 구현하지 않고 abs()함수를 사용하기만 하면 원하는 값의 절대값을 구할 수 있다.

파이썬에서 제공하는 abs()함수는 정수값 뿐만 아니라 실수값에 대한 절대값도 연산이 가능하므로 직접 구현하는 것보다 훨씬 강력하다. Abs() 함수는 다음과 같이 사용한다.

abs(number)

위의 abs() 함수의 매개 변수로 절대값을 원하는 숫자를 넣어주면 된다.

abs(100) → 100

abs(−2.4) → 2.4

abs(4321.321) → 4321.321

abs() 함수는 매개 변수 a와 b를 입력받는다. 매개 변수 a와 b를 서로 비교하여 어떤 값에서 다른 값을 뺄지를 결정한다. 매개 변수 a가 b보다 크다면 a−b를 실행하고, a가 b보다 작거나 같다면 b−a를 실행하게 된다.

두 숫자간의 차이를 구하는 코드에 대한 실행 결과는 다음과 같다.

이 책에서 다루는 파이썬 코드 뿐만 아니라 일반적인 파이썬 코드를 보면 다음과 같이 구성되어 있는 경우가 대부분이다.

```
def abs(a, b):
    if a > b:
        return a - b
    else:
        return b - a
```

```
if __name__ == "__main__":
    a = -15
    b = 77
    print("|{0} - {1}| = {2}".format(a,b,abs(a,b)))
```

그러나 위의 코드를 다음과 같이 변경해도 실행하는데는 큰 문제가 없다.

```
def abs(a, b):
    if a > b:
        return a - b
    else:
        return b - a


a = -15
b = 77
print("|{0} - {1}| = {2}".format(a,b,abs(a,b)))
```

그렇다면 if __name__ == "__main__": 이라는 부분을 사용해야 하는 걸까?

이에 대해서는 stackoverflow에서 잘 설명하고 있는데 다음과 같은 이유다.

첫 번째 이유는 해당 코드를 직접 실행하지 않고 다른 코드에서 임포트해서 사용하는 경우 main() 안의 코드를 실행하고 싶지 않고, 함수나 클래스 정의 등만을 사용하는 경우가 대부분이다. 이런 경우에 if __name__ == "__main__"과 같은 코드가 있으면 코드의 수정 없이 그대로 사용할 수 있기 때문이다.

두 번째 이유는 해당 파이썬 코드에서 main() 함수가 어디인지 알 수 있으므로 더 가독성이 좋고 구조적이라고 볼 수 있다.

점수 분포 출력하기

0점부터 100까지 주어진 점수들을 10점씩 묶어서 각 점수대별로 정렬하는 알고리즘 코드를 작성해보자.
예를 들어 0점대는 3명, 10점대는 2명, 20점대는 5명 등의 표현 형식으로 정렬하여 각 점수별 분포를 출력해보자.

📑: 접근풀이 및 조건

이 문제는 배열에 저장되어있는 여러 점수들을 반복문을 사용하여 각 점수에 해당되는 인덱스를 구하는 것이 중요하다.

조건 01   입력된 점수의 끝은 −1로 확인한다.

배열의 크기를 미리 계산할 수도 있지만 점수의 조건이 0부터 100까지이므로 점수 입력의 끝은 −1로 표기하면 된다.

조건 02   점수를 10으로 나누어 저장할 점수대의 인덱스를 구한다.

입력되는 점수가 0점부터 100점까지이므로 이 점수를 10으로 나누면 0부터 10까지다. 우리가 출력할 형식이 0점대, 10점대, 20점대와 같은 형식이므로 입력된 점수를 10으로 나눈 값을 저장할 점수대의 인덱스로 사용하면 된다.

위의 조건들을 고려하여 다음의 〈힌트〉를 보고 세부 코드를 작성해보자.

💡: 힌트

힌트 01   입력된 점수의 끝은 −1로 확인한다.

다음의 코드와 같이 배열의 크기를 별도로 계산하는 대신에 배열의 가장 끝항목에 −1를 입력하여 입력이 종료되었음을 알게한다.

```
a = [ 75, 25, 6, 73, 43, 46, 31, 13, 60, 90, 5, 43, 35, 65, 100, 28, 83, 95, 35, 45, -1 ]
```

위와 같은 배열을 반복문에서 사용하려면 다음과 같은 형태를 사용한다.

```
i = 0
while a[i] != -1:
    ......
```

위의 for문은 배열 a[i]가 −1이 되기 전까지 계속 반복하게 된다.

(힌트 02) 점수를 10으로 나누어 저장할 점수대의 인덱스를 구한다.

입력된 점수를 10으로 나눈값을 저장할 점수대의 인덱스로 한다.

$$rank = a[i] // 10$$

입력된 점수를 10으로 나눈 값을 변수 rank에 저장하고, 이 값을 저장할 점수대의 배열인 history의 인덱스로 사용한다.

위의 힌트를 사용하여 골격 코드를 작성하면 다음과 같다.

골격 코드

```
i = 0
while a[i] != -1:
    rank = a[i] // 10
    if rank >= 0 and rank <= 10:
        history[rank] = history[rank] + 1
    i = i + 1
```

이 문제의 골격 코드를 이용하여 점수 분포를 출력하는 전체 코드와 실행 결과를 살펴보자.

전체 코드

```
a = [ 75, 25, 6, 73, 43, 46, 31, 13, 60, 90,
5, 43, 35, 65, 100, 28, 83, 95, 35, 45, -1 ]

history = [0] * 11

i = 0
```

```
    rank = a[i] // 10
    if rank >= 0 and rank <= 10:
        history[rank] = history[rank] + 1
    i = i + 1


for i in range(len(history)):
    print("{0} 점대 - : {1} 명".format(i*10,history[i]))
```

실행 결과 ...... 🔆

```
CMD 명령 프롬프트                                                          —     □

D:\work\python>python test.py
0 점대 -  : 2 명
10 점대 -  : 1 명
20 점대 -  : 2 명
30 점대 -  : 3 명
40 점대 -  : 4 명
50 점대 -  : 0 명
60 점대 -  : 2 명
70 점대 -  : 2 명
80 점대 -  : 1 명
90 점대 -  : 2 명
100 점대 - : 1 명

D:\work\python>
```

등수 구하기

앞의 문제는 주어진 점수들에 대해 0점대부터 100점대까지의 점수 분포를 구하는 알고리즘에 대해 알아봤다. 이번 문제는 주어진 점수가 전체에서 과연 몇 등인지를 알아내는 알고리즘을 작성해보자.

📋 접근풀이 및 조건

앞의 문제에서는 0점부터 100점까지의 범위 안에서 입력된 점수들의 점수 분포를 구하는 문제였지만 이번 문제는 각 점수가 전체에서 몇 등을 하는지에 대한 등수를 구하는 문제이다.

등수를 구하는 가장 간단한 방법은 전체에서 각각의 점수가 몇 번째 높은지를 계산하면 된다.

예를 들어, 100, 56, 49, 72, 24의 점수들이 있다고 하면 49의 점수가 몇 등인지는 어떻게 구할 수 있을까?

조건 01   전체 점수의 처음부터 끝까지 반복하여 현재의 점수가 몇 번째의 크기를 갖는지를 계산한다.

위의 조건을 참고하여 다음의 힌트를 보고 세부 코드를 작성해보자.

💡 힌트

힌트 01   전체 점수의 처음부터 끝까지 반복하여 현재의 점수가 몇 번째의 크기를 갖는지를 계산한다.

전체 점수의 처음부터 끝까지 반복하여 현재의 점수가 몇 번째인지를 알아내는 코드는 간단하다.

현재의 점수를 current_grade라고 하자. 전체 점수가 저장된 배열 a의 처음에서 끝까지 반복하면서 현재 점수의 등수인 변수 current_rank를 계산한다. 다음의 골격 코드를 보자.

골격 코드

```
j = 0
while a[j] != -1:
    if a[j] > current_grade:
        current_rank = current_rank + 1
```

위의 골격 코드는 전체 점수가 저장된 배열 a의 처음부터 끝까지 탐색하면서 현재 점수보다 배열 a의 점수가 크다면 현재 등수를 1씩 증가하게 된다.

앞의 골격 코드를 전체 점수별로 모두 계산하게 되면 다음과 같이 수정된 골격 코드를 작성할 수 있다.

골격 코드

```
i = 0
while a[i] != -1:
  rank[i] = 1
  j = 0
  while a[j] != -1:
    if a[j] > a[i] :
      rank[i] = rank[i] + 1
    j = j + 1
  i = i + 1
```

2개의 for문을 사용하여 각 점수의 등수를 저장하는 배열 rank를 계산한다.

전체 코드

```
MAX = 30
a = [ 75, 25, 6, 73, 43, 46, 31, 13, 60, 90,
    5, 43, 35, 65, 100, 28, 83, 95, 35, 45, -1 ]


rank = [0] * MAX

i = 0
while a[i] != -1:
  rank[i] = 1
  j = 0
  while a[j] != -1:
    if a[j] > a[i] :
      rank[i] = rank[i] + 1
    j = j + 1
  i = i +1
for i in range(len(a)):
  print("%6d 점 - :%6d 등"%(a[i],rank[i]))
```

```
◉ 명령 프롬프트                                                          —    □

D:\work\python>python test.py
    75 점 - ┊ :         5
    25 점 - ┊ :        17
     6 점 - ┊ :        19
    73 점 - ┊ :         6
    43 점 - ┊ :        11
    46 점 - ┊ :         9
    31 점 - ┊ :        15
    13 점 - ┊ :        18
    60 점 - ┊ :         8
    90 점 - ┊ :         3
     5 점 - ┊ :        20
    43 점 - ┊ :        11
    35 점 - ┊ :        13
    65 점 - ┊ :         7
   100 점 - ┊ :         1
    28 점 - ┊ :        16
    83 점 - ┊ :         4
    95 점 - ┊ :         2
    35 점 - ┊ :        13
    45 점 - ┊ :        10
    -1 점 - ┊ :         0

D:\work\python>
```

배열을 사용하여 16진수 변환하기

파이썬과 같은 일반적인 프로그래밍 언어에서는 10진수를 16진수로 변환하는 기능을 기본적으로 제공한다. 이번에 풀어 볼 문제는 배열을 이용하여 간단하게 10진수를 16진수로 변환하는 알고리즘을 작성해보자.

접근풀이 및 조건

이 문제는 배열을 사용하기 때문에 생각보다 쉽게 해결할 수 있다. 다음과 같이 배열에 16진수에서 사용하는 문자들을 저장해둔다.

$$d = \text{“0123456789ABCDEFGHIJ”}$$

이와 같이 저장되어있는 배열 d를 사용하면 간단하다. 예를 들어 11이 입력됐다고 가정해보자. 11은 16으로 변환하면 B가 된다. B는 위의 배열 d에서 인덱스 11에 해당되는 d[11]에 저장되어 있다. 이 11은 11을 16으로 나눈 나머지를 구하면 얻을 수 있다.

워낙 간단한 문제이므로 전체 코드로 설명을 대신한다.

전체 코드

```
d = "0123456789ABCDEFGHIJ"
def f(n, k):
   if n > 0 :
      f(n // k, k)
      print("%c"%d[n%k])


if __name__ == "__main__":
   n = int(input("변환할 10진수 입력 :"))
   k = int(input("변환진수 입력 :"))
   f(n, k)
```

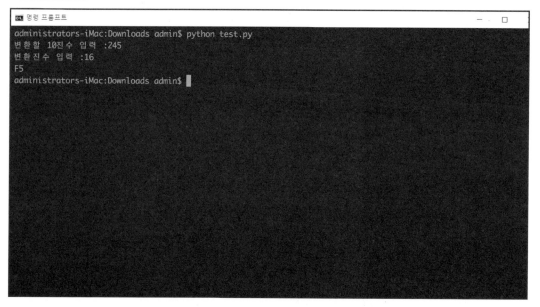

반복문을 사용하여 팩토리얼 출력하기

이번 문제에서 살펴 볼 팩토리얼(Factorial)은 컴퓨터로 작성하는 알고리즘 분야에서는 고전에 속하는 문제 중 하나이다. 그만큼 풀이 방법도 다양하며 아직도 팩토리얼 계산을 연구하는 수학자들이 있을 정도이다. 팩토리얼을 계산하는 여러가지 방법 중에서 이 문제에서는 반복문을 사용하는 팩토리얼의 알고리즘을 작성해보자.

접근풀이 및 조건

팩토리얼(factorial)에 대한 정의는 모두 알고있으리라 생각한다. 주어진 숫자 n의 팩토리얼은 n!으로 표현하며 $n! = 1 \times 2 \times 3 \times ... \times (n-1) \times n$이다. 이미 잘 알고있는 문제이며 풀이 방법도 간단하게 만들면 간단해질 수 있다. 단순히 1부터 주어진 n까지 곱셈하면 된다.

먼저 팩토리얼을 구하는 골격 코드부터 살펴보자.

골격 코드

```
def fact(n):
  fact = 1

  i = n
  while i > 1:
    fact = fact * i
    i = i - 1
  return fact
```

팩토리얼과 같이 해결해야 하는 문제의 논리적 구조가 계속 반복되는 경우라면, 다음의 두 가지 방법으로 해결한다.

[1] 반복적 방법
[2] 재귀적 방법

재귀적 방법이란 알고리즘이나 함수가 실행하는 중에 자기 자신(함수)을 다시 호출하는 과정을 반복하여 문제를 해결하는 방법이다.

예를 들어, 다음의 팩토리얼 알고리즘에 해당하는 수식을 보자 .

n!의 계산식은 n = 1 일 때는 1이고, n 〉=2 일 때는 n*(n−1)! 이다. 수식을 파이썬 코드로 작성하면 다음과 같이 만들 수 있다.

전체 코드

```python
def fact(n):
    fact = 1
    i = n
    while i > 1:
        fact = fact * i
        i = i - 1

    return fact


if __name__ == "__main__":

    for i in range(21):
        print("%2d! = %20d"%(i,fact(i)))
```

```python
def fact(n):
factorial = 1

if num < 0:
    print("must be positive")
elif num == 0:
    print("factorial = 1")
else:
    for i in range(1,num + 1):
        factorial = factorial*i
    print(num, factorial)
```

단순히 for문을 사용하여 n번 반복하고 있다.

이에 비해 재귀적 방법을 사용하면 다음과 같은 코드가 된다.

```
def fact(n):
    if n == 1:
        return 1
    else:
        return n * fact(n-1)
```

재귀 접근 방식으로는 코드가 아주 간단해졌다. 팩토리얼의 수학적 정의인 수식을 그대로 이용한 것이다.

그렇다면, n=5라면 몇 번이 실행될까? 반복적 방법이라면 당연히 5번 반복될 것이다.

재귀적 방법이라면 재귀적 방법도 5번이 fact() 함수의 호출은 총 5회이다.
fact(4) -> fact (3) -> fact (2) -> fact(1) -> 1

$$fact~(5) = 5* fact(4)$$
$$= 5*4*fact(3)$$
$$= 5*4*3*fact(2)$$
$$= 5*4*3*2*fact(1)$$
$$= 5*4*3*2*1$$
$$= 120$$

fact(4)는 fact(5)가 실행한 것이며 fact(3)은 fact(4)라는 함수 안에서 실행한 것이다.
1은 fact(1)이라는 함수 안에서 실행한 결과이다.

결국 반복적 방법과 재귀적 방법 모두 n번 실행이라는 결과가 나왔다.

항상 이렇게 2가지 방식의 성능이 똑같은 것은 아니다.
경우에 따라서는 재귀적 방법이 반복적 방법보다 함수 호출이 더 많은 경우가 있다. 그러한 경우는 재귀 호출을 하는 조건에 따라 다르다.

```
D:\work\python>python test.py
 0! =                     1
 1! =                     1
 2! =                     2
 3! =                     6
 4! =                    24
 5! =                   120
 6! =                   720
 7! =                  5040
 8! =                 40320
 9! =                362880
10! =               3628800
11! =              39916800
12! =             479001600
13! =            6227020800
14! =           87178291200
15! =         1307674368000
16! =        20922789888000
17! =       355687428096000
18! =      6402373705728000
19! =    121645100408832000
20! =   2432902008176640000

D:\work\python>
```

재귀 호출을 사용하여 팩토리얼 출력하기

앞의 문제에서 풀어본 팩토리얼 연산을 이번에는 반복문 대신 재귀 호출을 사용하여 풀어보자. 재귀 호출에 대한 연습은 이미 충분히 했기 때문에 쉽게 해결할 수 있으리라 생각한다.

접근풀이 및 조건

팩토리얼 연산을 반복문 대신 재귀 호출을 사용하여 해결하는 방법은 n * factorial(n−1)만 호출해주면 된다. 다음은 이에 대한 골격 코드다.

골격 코드

```
def fact(n):
    if n == 0:
        return 1
    else:
        return n*fact(n-1)
```

재귀 호출을 빠져나오는 조건은 매개 변수 n이 0이 되는 경우다. 이 경우에는 1을 리턴하고 그 외에는 n*factorial(n−1)을 리턴하게 된다. 이와 같이 코드를 작성하면 n이 0이 될 때까지 계속 재귀 호출을 실행하게 된다.

팩토리얼 연산에 대한 내용은 앞의 문제에서 충분히 학습했기 때문에 이 문제에서는 전체 코드와 실행 결과로 학습을 마무리하겠다.

전체 코드

```
def fact(n):
    if n == 0:
        return 1
    else:
        return n*fact(n-1)
```

```
if __name__ == "__main__":

    for i in range(21):
        print("%2d! = %20d"%(i,fact(i)))
```

재귀 호출을 사용하여 팩토리얼을 출력하는 코드에 대한 실행 결과는 다음과 같다.

실행 결과 ......

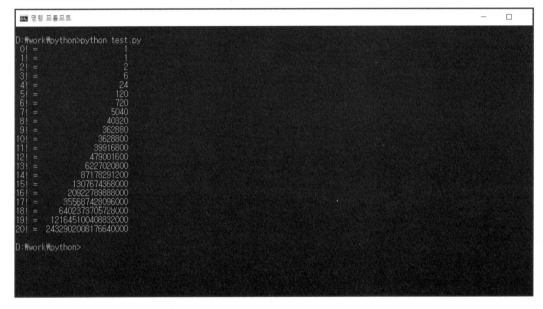

필수 알고리즘 with 파이썬

하노이의 탑

이번에 풀어볼 문제는 "하노이의 탑"이라는 제목의 알고리즘 분야 고전 문제 중 하나이다. 하노이의 탑(Tower of Hanoi)은 고대 인도에서 만들어졌다고 알려진 퍼즐의 일종이며, 3개의 기둥과 이 기둥에 꽂을 수 있는 크기가 다양한 원판들이 있고, 퍼즐을 시작하기 전에는 한 기둥에 원판들이 작은 것이 위에 있도록 순서대로 쌓여있다.

이 게임의 목적은 다음 2가지 조건을 만족시키면서, 한 기둥에 꽂힌 원판들을 순서 그대로 다른 기둥으로 옮겨서 다시 쌓는 것이다.

접근풀이 및 조건

조건 01   한번에 하나의 원판만 옮길 수 있다.
조건 02   큰 원판이 작은 원판 위에 있어서는 안된다.

하노이의 탑을 해결하는 알고리즘을 작성해보자.

이 하노이의 탑 문제는 재귀 호출을 이용하여 풀 수 있는 가장 유명한 예제 중의 하나이다. 일반적으로 원판이 n개일 때, 2n-1번의 이동으로 원판을 모두 옮길 수 있다(2n-1는 메르센수라고 부른다).

참고로 64개의 원판을 옮기는데 약 18, 446, 744, 073, 709, 551, 615번을 움직여야하고, 한 번 옮길 때 시간을 1초로 가정했을 때 64개의 원판을 옮기는데 5849억 4241만 7355년 걸린다.

하노이의 탑 문제에서 2가지 조건을 명심해야 한다.

원판은 주어진 원판의 개수에 따라 다음의 그림과 같이 생각해볼 수 있다.

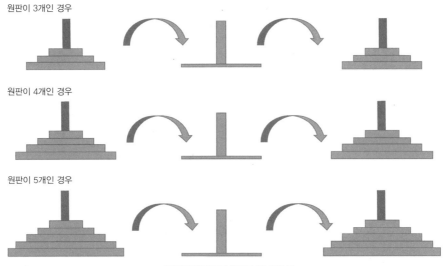

원판이 3개인 경우

원판이 4개인 경우

원판이 5개인 경우

▲ 여러가지 원판의 개수에 따른 하노이의 탑

먼저 원판의 개수가 3개인 경우를 생각해보자.

기둥 1의 원반을 기둥 3으로옮긴다 → 기둥 1의 원반을 기둥 2로 옮긴다 → 기둥 3의 원반을 기둥 2로 옮긴다 → 기둥 1의 원반을 기둥 3으로 옮긴다 → 기둥 2의 원반을 기둥 1로 옮긴다 → 기둥 2의 원반을 기둥 3으로 옮긴다 → 기둥 1의 원반을 기둥 3으로 옮긴다

총 7번의 원반 이동이 일어났다.

위의 과정을 원판의 개수가 N개인 경우로 일반화하면 나음과 깉이 생각해볼 수 있다.

기둥 1에서 N-1개의 원반을 기둥 2로 옮긴다 → 기둥 1에서 1개의 원반을 기둥 3으로 옮긴다 → 기둥 2에서 N-1개의 원반을 기둥 3으로 옮긴다

이에 대한 골격 코드는 다음과 같다. 재귀 호출을 사용하기 때문에 생각보다 코드는 간단하다.

골격 코드

```
def hanoi(n, a, b, c):
    if n > 0:
        hanoi(n - 1, a, c, b)
        print("%d번 원반을 %c 에서 %c로 옮김"%(n, a, b))
        hanoi(n - 1, c, b, a)
```

이제 전체 코드와 실행 결과를 보자.

전체 코드

```python
def hanoi(n, a, b, c):
    if n > 0:
        hanoi(n - 1, a, c, b)
        print("%d번 원반을 %c에서 %c로 옮김"%(n, a, b))
        hanoi(n - 1, c, b, a)



if __name__ == "__main__":

    print("원반의 갯수 : ")
    n = int(input())
    hanoi(n,'a','b','c')
```

실행 결과는 다음과 같다.

실행 결과

```
D:\work\python>python test.py
원반의갯수 :
3
1번원반을 a 에서 b 로옮김
2번원반을 a 에서 c 로옮김
1번원반을 b 에서 c 로옮김
3번원반을 a 에서 b 로옮김
1번원반을 c 에서 a 로옮김
2번원반을 c 에서 b 로옮김
1번원반을 a 에서 b 로옮김

D:\work\python>
```

이진 트리에서
두 노드사이의 거리 구하기

이 문제에서는 다음 그림과 같은 이진 트리에서 임의의 2개의 노드 사이의 거리를 구하는 문제이다.

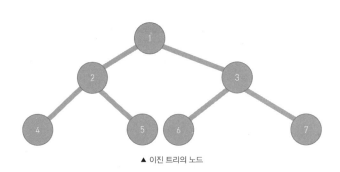

▲ 이진 트리의 노드

이 문제는 이진 트리의 특성을 이해하면 쉽게 풀 수 있다. 이진 트리의 특성상 n번째 노드의 자식 노드는 (2 * n)와 (2 * n + 1)로 표현이 가능하다. 위의 이진 트리 그림에서 노드2의 자식 노드는 2×2 = 4와 2×2+1 = 5가 되므로 4와 5가 된다.

따라서 두 노드사이의 거리를 구하기 위해서는 다음의 조건처럼 각 노드의 부모 노드를 구하면 된다.

조건 01) 전체 점수의 처음부터 끝까지 반복하여 현재의 점수가 몇 번째의 크기를 갖는지를 계산한다.
조건 02) 이진트리에서 두 노드의 거리는 두 노드가 루트 노드가 될 때까지 부모 노드를 구하면 된다.

위의 조건을 따라 다음의 〈힌트〉를 보면서 코드를 작성해보자.

💡 힌트

힌트 01) 주어진 노드n의 부모 노드는 n/2가 된다.

n의 부모 노드는 (자식 노드/2)로 구할 수 있다.

힌트 02) 두 노드의 거리는 두 노드가 루트 노드가 될 때까지 부모 노드를 구하면 된다.

이 과정을 재귀 호출로 표현하면 다음의 골격 코드와 같다.

```
def f(a, b):
  if a == b:
    return 0
  if b > a:
    return f(a, b // 2) + 1
  if a > b:
    return f(a // 2, b) + 1
```

함수 f는 노드 a와 b 사이의 거리를 구하는 재귀 함수이며, 문제를 풀기 위한 조건은 3가지다.

(1) a 와 b가 같은 경우(a == b)

```
if (a == b)
  return 0
```

두 노드가 같은 노드라는 것은 노드 a와 b가 루트 노드라는 의미이며, 따라서 이 경우는 0을 리턴한다.

(2) 노드 b가 a보다 큰 경우(b 〉a)

이 경우는 노드 b가 노드 a보다 루트 노드에서 더 멀다는 의미이며, 노드 b의 부모 노드를 매개 변수로 하여 f(a, b/2)를 재귀 호출한다. 이 경우는 노드 b가 부모 노드인 b/2로 한 레벨 줄었기 때문에 거리를 1 증가 시킨다.

```
  if b > a:
    return f(a, b / 2) + 1
```

(3) 노드 a가 b보다 큰 경우(a 〉b)

위의 [2]의 경우와는 반대로 노드 a가 노드 b보다 더 멀다는 의미이며 노드 a의 부모 노드를 매개 변수로하여 f(a/2, b)를 재귀 호출한다. 마찬가지로 노드 a가 부모 노드인 a/2로 한 레벨 줄었기 때문에 거리를 1 증가시킨다.

```
if a > b:
    return f(a / 2, b) + 1
```

위와 같이 재귀 호출로 두 노드 사이의 거리를 쉽게 구할 수 있었던 이유는 이진 트리였기 때문이다. 알고리즘에서 사용하는 트리 중 거의 2/3는 이진 트리라고 할 수 있으며, 이진 트리를 사용하는 경우는 이와 같이 재귀 호출을 기반으로한 다양한 알고리즘들을 사용할 수 있다는 점을 기억해두자.

골격 코드를 사용하여 전체 코드를 만들어보고, 실행 결과를 확인해보자.

전체 코드

```
def f(a, b):
    if a == b:
        return 0

    if b > a:
        return f(a, b // 2) + 1

    if a > b:
        return f(a // 2, b) + 1


if __name__ == "__main__":

    a = int(input("첫 번째 노드 : "))
    b = int(input("두 번째 노드 : "))
    print("%d와 %d의 거리 : %d"%(a,b,f(a,b)))
```

실행 결과는 다음과 같다.

실행 결과 ...... 💡

명령 프롬프트   — □

```
D:\work\python>python test.py
첫번째노드 : 4
두번째노드 : 7
4와 7의거리 : 4

D:\work\python>
```

제곱근 구하기

정수의 제곱근을 구하는 알고리즘을 작성해보자. 예를 들어, 다음의 결과와 같이 10을 입력하면 3이 출력되고, 16을 입력하면 4가 출력되도록 작성해보자.

```
mysqrt(9) = 3
mysqrt(10) = 3
mysqrt(11) = 3
....
mysqrt(15) = 3
mysqrt(16) = 4
```

📝 접근풀이 및 조건

부동소수점 형태의 결과를 출력하는 제곱근을 구하는 알고리즘은 오래전부터 개발되어왔고, 16세기에 개발된 개평법이 유명했으나 현재는 계산효율이 낮아 거의 사용하지 않고 바빌로니아법이 주로 사용된다. 바빌로니아법은 제곱근에 빠르게 수렴하는 수열을 만들어 근사값을 구하는 방법이다.

이 문제에서 구하는 제곱근은 바빌로니아법과 같이 부동소수점의 결과를 출력하는 제곱근을 구하는 방법이 아니라 정수값의 결과를 출력하는 제곱근을 구하는 방식이다.

정수값을 구하는 제곱근 알고리즘의 원리는 단순하다. 다음의 조건을 살펴보자.

조건 01
> 어떤 정수 n의 제곱근을 구하기 위해서는 n에서 차례대로 1, 3, 5, 7, 9 ...를 빼서 다시 n에 저장한다. n이 0보다 같거나 클 때까지 이 과정을 반복하고, n이 0보다 작아지면 지금까지 뺀 횟수가 n의 정수제곱근이 된다.

조건 01 은 n의 제곱근을 구하는 방법입니다. 예를 들어, n이 16이라고 하면 다음과 같은 과정을 반복하면 n은 15가 된다. 반복 과정을 통해 n이 0이 되면 반복문이 끝나며, 반복 과정이 4번 진행했으므로 16의 제곱근은 4가 된다.

: 힌트

힌트 01   위의 정수 n의 제곱근을 구하는 방식의 골격 코드는 다음과 같다.

골격 코드

```
i = 0
while n >= 0:
    n = n - 2*i + 1
    i = i + 1
return i - 1
```

n이 0보다 같거나 큰 동안 n에서 1, 3, 5, 7, 9 등의 홀수를 빼주고 그 뺀 결과를 다시 n에 저장한다.

위의 골격 코드를 보고 전체 코드를 작성하고 그 실행 결과를 확인해보자. 첫 번째 줄 def f(n):은 함수 f()를 정의하는 부분이다. 함수 f()는 매개 변수로 n을 받는다.

가장 먼저 해야 할 작업은 배열 a를 선언하는 부분이다.

```
a = [0] * 100
```

위의 코드처럼 배열 a는 100개의 항목을 갖게 되며 다음과 같은 코드를 사용하여 0으로 초기화한다.

```
i = 1
while i <= n:
    a[i] = 0
    i = i + 1
```

그 다음은 두 개의 while문을 사용하여 변수 cnt를 찾는다. 사실 이 방법은 바빌로니아 방법이라고 하며 단순 코드만 보고는 제곱근을 구하는 방법을 이해하기 어려울 수 있다.

이 책에서는 지면 관계상 자세한 설명은 하지 않지만, 궁금한 사람은 다음의 위키피디아(https://en.wiki-pedia.org/wiki/Methods_of_computing_square_roots)를 참고하자.

```
def f(n):
  a = [0] * 100

  i = 1
  while i <= n:
    a[i] = 0
    i = i + 1

  i = 1
  while i <= n:
    j = i
    while j <= n:
      a[j] = 1 - a[j]
      j = j + i
    i = i + 1

  cnt = 0
  i = 1
  while i <= n:
    if a[i] == 1:
      cnt = cnt + 1
    i = i + 1

  return cnt

if __name__ == "__main__":

  print("10의 제곱근 : %d"%(f(10)))
```

실행 결과는 다음과 같다.

```
D:\work\python>python test.py
10의 제곱근 : 3

D:\work\python>
```

알파벳을 순서대로 출력하도록 반복문을 사용하여 코드를 작성해보자.

```
A B C D E F G H I J K L M N O P Q R S T U V W X Y Z
A B C D E F G H I J K L M N O P Q R S T U V W X Y
A B C D E F G H I J K L M N O P Q R S T U V W X
A B C D E F G H I J K L M N O P Q R S T U V W
A B C D E F G H I J K L M N O P Q R S T U V
A B C D E F G H I J K L M N O P Q R S T U
A B C D E F G H I J K L M N O P Q R S T
A B C D E F G H I J K L M N O P Q R S
A B C D E F G H I J K L M N O P Q R
A B C D E F G H I J K L M N O P Q
A B C D E F G H I J K L M N O P
A B C D E F G H I J K L M N O
A B C D E F G H I J K L M N
A B C D E F G H I J K L M
A B C D E F G H I J K L
A B C D E F G H I J K
A B C D E F G H I J
A B C D E F G H I
A B C D E F G H
A B C D E F G
A B C D E F
A B C D E
A B C D
A B C
A B
A
```

ⓑ : 접근풀이 및 조건

앞의 결과를 보면 일단 2개의 반복문이 필요하다는 생각이 들어야한다. 반복문을 사용해야한다는 생각이 나지않으면 이 책의 앞부분의 알고리즘을 조금 더 학습하자.

반복문 중 첫 번째 반복문은 문자 'A'부터 문자 'Z'까지 총 26행을 출력하는 부분이다.

두 번째 반복문은 한 행에 출력하는 문자들의 개수를 결정하게 되며 처음에는 26행 모두를 출력하지만 그 이후에는 1씩 감소하게 된다.

따라서 이에 대한 조건은 다음과 같다.

> 조건 01   26행을 반복하여 출력한다.
> 조건 02   'A'부터 ('Z' − 'A')만큼 출력한다.

다음의 〈힌트〉를 보자.

ⓑ : 힌트

> 힌트 01   26행을 반복하여 출력한다.

26행을 반복하여 출력하는 반복문을 작성하기 위해서 변수 i를 0부터 26보다 작을 때까지 반복해도 되지만 알파벳을 순서대로 출력하는 문제이므로 다음의 for문과 같이 각 문자의 ASCII 값을 1씩 증가시키도록 코드를 작성해도 상관없다.

```
a = ord('A')
while a <= ord('Z') :
    .....
    a = a + 1
```

> 힌트 02   'A'부터 ('Z' − 'A')만큼 출력한다.

'A'부터 ('Z' − 'A')만큼 출력한다는 의미는 다음의 for문과 같이 작성하면 된다.

```
b = ord('A')
while a <= ord('Z')-(a-ord('A')) :
    .....
    b = b + 1
```

여기서 변수 a는 'A'부터 'Z'까지 1씩 증가하며 〔힌트 01〕과 〔힌트 02〕를 합친 골격 코드는 다음과 같다.

골격 코드

```
a = ord('A')
while a <= ord('Z'):
    b = ord('A')
    while b <= (ord('Z') - (a - 65)):
        print ("%2c"% (b),end="")
        b = b + 1
    print()
    a = a + 1
```

위의 골격 코드를 고려하여 전체 코드를 작성하고 그 결과를 확인해보자.

전체 코드

```
def f():
    a = ord('A')
    while a <= ord('Z'):
        b = ord('A')
        while b <= (ord('Z') - (a - 65)):
            print("%2c"% (b),end="")
            b = b + 1
        print()
        a = a + 1

if __name__ == "__main__":
    f()
```

이 문제의 전체 코드를 보기 전에 알아야 할 기능은 파이썬에서 제공하는 ord() 함수의 사용방법이다. 파이썬에서는 문자를 "아스키 코드 번호"로 변환하려면 ord() 함수를 사용한다. ord() 함수의 결과는 10진수 형태로 출력되며, 10진수가 아닌 "16진수 문자열"로 출력하려면 hex() 함수를 사용하면 된다.

ord() 함수와 반대의 기능인 "아스키 코드 번호"를 "실제 문자"로 변환하려면 chr() 함수를 사용한다.

ord() 함수와 hex() 함수의 사용 방법은 다음의 예제 코드를 보고 확인하자.

```
print ord("Z")            # 출력 결과: 90
print hex(ord("Z"))       # 출력 결과: 0x5a
print chr(90)             # 출력 결과: Z
print chr(0x5A)           # 출력 결과: Z
```

실행 결과 ······ -ö-

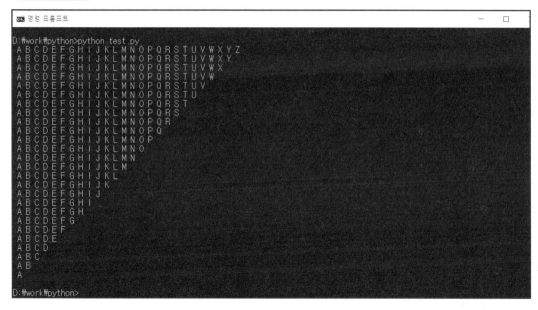

알파벳 순서대로 하나씩 줄여가며 출력하기(재귀 호출 사용) ⋮033

앞에서 학습한 반복문을 사용하여 알파벳을 순서대로 출력하는 코드를 이번에는 재귀 호출을 사용하는 코드로 다시 작성해보자. 실행 결과는 반복문을 사용하는 경우나 재귀 호출을 사용하는 경우 모두 동일하다.

📝 접근풀이 및 조건

알파벳 문자를 출력할 때 반복문 대신 재귀 호출 방식을 사용하는 알고리즘을 생각해보자. 앞에서 반복문을 사용한 코드를 작성해본 독자들이라면 의외로 재귀 호출 방식은 반복문을 사용하는 방식보다 조금 더 쉽게 해결할 수 있다.

일단 한 행에서 'A'부터 'Z'까지 출력하는 부분의 코드는 여전히 반복문을 사용한다.

> 조건 01 반복문을 사용하여 'A'부터 문자를 출력한다.

반복문을 사용하여 'A'부터 알파벳 순서대로 출력하는 코드는 앞의 문제에서 이미 살펴봤다.

> 조건 02 'Z'부터 하나씩 감소하여 재귀 함수를 호출한다.

재귀 호출을 사용하여 'Z'부터 'A'가 될 때까지 반복한다. 단, 재귀 호출을 빠져나오는 조건은 매개 변수가 'A'보다 작거나 'Z'보다 큰 경우로 설정한다.

위의 조건에 대한 〈힌트〉는 다음과 같다.

💡 힌트

> 힌트 01 반복문을 사용하여 'A'부터 문자를 출력한다.

다음의 반복문 코드를 살펴보자.

```
c = ord('A')
while c <= ord(end) :
```

```
    print("%2c"%(c), end="")
    c = c + 1
```

앞의 코드는 'A'부터 시작해서 end 문자까지 화면에 출력하게 된다. 그렇다면 이제 남은 것은 변수 end의 값이 'Z'부터 시작해서 하나씩 작아지도록 코드를 작성하면 된다.

힌트 01 'Z'부터 하나씩 감소하여 재귀 함수를 호출한다.

이에 대한 코드는 다음과 같다.

```
def print_alphabet(char end):
    ......
    return print_alphabet(--end)
```

위와 같은 재귀 호출 함수의 코드를 기반으로 **힌트 01**과 **힌트 02**를 합치면 다음과 같은 골격 코드를 생성할 수 있다.

골격 코드

```
def print_alphabet(end):
    if end < 'A' or end > 'Z':
        return -1
    c = ord('A')
    while c <= ord(end):
        print("%2c"%(c), end="")
        c = c + 1
    print()
    next = ord(end) - 1
    return f(chr(next))
```

위의 print_alphabet() 함수는 재귀 함수 형식으로 구성되었으며, 특히 재귀 호출을 빠져나오는 조건에 대해서 눈여겨보기 바란다. 또한, 'A'부터 한 행에 알파벳 순서로 출력하는 부분에 대한 코드는 앞의 문제에서 이미 학습한 내용이기는 해도 재귀 함수에서 어떻게 사용되는지 확실하게 알아두자.

이 문제에 대한 전체 코드는 다음과 같다.

```python
def f(end):
    if end < 'A' or end > 'Z':
        return -1
    c = ord('A')
    while c <= ord(end):
        print("%2c"%(c), end="")
        c = c + 1
    print()
    next = ord(end) - 1
    return f(chr(next))


if __name__ == "__main__":

    f('Z')
```

실행 결과는 다음과 같다.

실행 결과 ......

```
D:\work\python>python test.py
 A B C D E F G H I J K L M N O P Q R S T U V W X Y Z
 A B C D E F G H I J K L M N O P Q R S T U V W X Y
 A B C D E F G H I J K L M N O P Q R S T U V W X
 A B C D E F G H I J K L M N O P Q R S T U V W
 A B C D E F G H I J K L M N O P Q R S T U V
 A B C D E F G H I J K L M N O P Q R S T U
 A B C D E F G H I J K L M N O P Q R S T
 A B C D E F G H I J K L M N O P Q R S
 A B C D E F G H I J K L M N O P Q R
 A B C D E F G H I J K L M N O P Q
 A B C D E F G H I J K L M N O P
 A B C D E F G H I J K L M N O
 A B C D E F G H I J K L M N
 A B C D E F G H I J K L M
 A B C D E F G H I J K L
 A B C D E F G H I J K
 A B C D E F G H I J
 A B C D E F G H I
 A B C D E F G H
 A B C D E F G
 A B C D E F
 A B C D E
 A B C D
 A B C
 A B
 A
D:\work\python>
```

3×3 행렬 중 합이 최소가 되는 항목 선택하기

주어진 3 × 3 행렬에서 각 행과 열이 중복되지 않도록 숫자를 선택하고, 선택한 숫자들의 최소합을 구하는 알고리즘을 작성해보자.

접근풀이 및 조건

다음과 같이 3×3의 행렬을 생각해보자.

$$\begin{bmatrix} 1 & 5 & 3 \\ 2 & 5 & 7 \\ 5 & 3 & 5 \end{bmatrix}$$

▲ 3 × 3 행렬

문제에서 주어진 각 행과 열이 중복되지 않도록 항목을 선택하라는 뜻은 예를 들면 다음과 같다.

첫 번째 행에서 1을 선택했으면, 두 번째 행에서는 2를 선택할 수는 없고 5와 7 중에 하나를 선택해야 한다. 만약 5를 선택했으면 세 번째 행에서는 5를 선택해야하고, 두 번째 행에서 7을 선택했으면 마지막 세 번째 행에서는 3을 선택해야한다. 다음의 그림을 보면 이해가 쉬울 것이다.

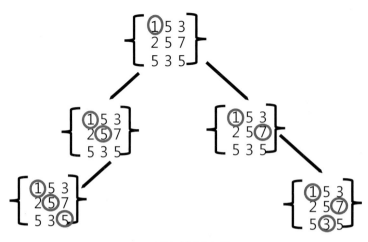

▲ 각 행과 열의 선택의 종류

위의 그림에서 최종적으로 선택한 왼쪽의 1-5-5의 합은 11이 되며, 오른쪽은 1-7-3이 되어 11이 된다.

이와 같은 방법으로 첫 번째 행에서 1을 선택한 경우, 5를 선택한 경우, 3을 선택한 경우에 따라 가짓수를 구분하여 3개 항목의 합을 구하면 된다.

다음의 조건을 보자.

`조건 01` **파이썬에서 제공하는 최댓값 상수를 이용한나.**

간혹 파이썬으로 알고리즘 코드를 작성하다보면 정수값의 최댓값을 다음과 같이 #define 문을 사용하여 정의하는 경우가 있다.

```
#define INT_MAX 100000
```

그러나 파이썬에서는 정수의 최댓값과 최솟값을 이미 정의하여 제공한다. 파이썬에서 제공하는 최댓값과 최솟값을 사용하기 위해서는 limits.h 헤더파일을 인클루드하면 된다.

`조건 02` **백트래킹 기반의 재귀 함수를 이용한다.**

백트래킹(backtracking)의 개념은 처음 등장하는 개념이기는 하나 어려운 개념이 아니다. 위의 그림에서 1-5-5 항목을 선택했다고 가정해보자. 이 세 항목 합의 최솟값은 11이다. 그러나 이 값이 우리가 구하려고 하는 최종값은 아니다. 3×3 행렬의 모든 경우를 구해야 한다. 위의 그림에서는 첫 번째 항목인 1을 선택한 이후에 이번에는 5가 아닌 7을 선택한 경우로 나뉘어진다.

이와 같이 이 전의 상태로 회귀, 즉 돌아가는 기법을 백트래킹이라고한다. 이 문제에서는 백트래킹을 재귀 함수를 사용하여 구현해보자.

조건 03 한 번 선택한 항목을 다시 선택하지 않도록 하기 위해 별도의 플래그 배열을 사용한다.

앞의 그림에서 첫 번째 항목을 1을 선택했다면 두 번째와 세 번째 행에서는 첫 번째 열의 값을 선택하면 안 된다. 코드 내에서 첫번째 열을 선택하지 않도록 하기 위해 별도의 플래그 배열을 사용한다.

위의 조건을 만족하도록 다음의 〈힌트〉를 보면서 세부 코드를 고민해보자.

💡 힌트

힌트 01 파이썬에서 제공하는 최댓값 상수를 이용한다.

파이썬에서 제공하는 정수형의 최댓값이나 최솟값을 이용하려면 sys 모듈을 임포트(import)하면 된다. 다음의 코드를 살펴보자.

골격 코드

```
import sys
max = sys.maxsize
min = -sys.maxsize -1
```

위의 코드를 실행시키면 현재 설치되어 있는 파이썬3에서 제공하는 정수형의 최댓값과 최솟값을 확인할 수 있다. 그러나 C언어나 자바 언어와는 달리 파이썬에서는 시스템에서 제공하는 가장 큰 값과 가장 작은 값이 실제로 사용하기에는 너무 큰 값이거나 너무 작은 값이므로, 개발자가 임의로 큰 값과 작은 값을 정해서 사용하는 편이다.

힌트 02 백트래킹 기반의 재귀 함수를 이용한다.

이 문제에서 백트래킹 기반의 재귀 함수를 이용하려면 다음과 같이 코드를 작성해야한다.

골격 코드

```
def f(row, score):
  for i in range(3):
    f(row + 1, score + matrix[row][i])
```

함수 f()는 row와 score를 매개 변수로 사용하며 함수 f()의 내부에서 행렬의 행의 수만큼 반복문을 실행하면서 함수 f()를 재귀 호출한다.

결국 백트래킹이라고해서 특별한 개념의 방식이 아니다. 이 문제에서 보는 것처럼 재귀 호출을 사용하면 전체 경우의 수를 모두 탐색할 수 있다.

힌트 03　한 번 선택한 항목을 다시 선택하지 않도록 하기 위해 별도의 플래그 배열을 사용한다.

앞에서 설명했듯이 1번 선택한 열을 두 번째 이후의 행에서는 선택하지 않도록 하기 위해서는 선택가능 여부를 체크할 수 있는 플래그를 저장해두어야 한다. 이런 경우는 주로 다음과 같은 배열을 사용한다.

$$checked = \{ False, False, False \}$$

크기가 3인 checked 배열의 초깃값은 모두 False이며, 항목이 선택되면 True로 변경한다.

이 checked 배열의 사용이 적용된 골격 코드는 다음과 같다.

골격 코드

```
def f(row, score):
  for i in range(3):
    if checked[i] == False:
      checked[i] = True
      f(row + 1, score + matrix[row][i])
      checked[i] = False
```

위의 함수 f()에서 반복문을 시작하면 제어 변수 i에 해당되는 배열 checked[i]의 값을 확인한다. checked[i]가 False라면 아직 방문하지않은 열이라는 의미이므로 checked[i]를 True로 설정한다.

그리고 함수 f()를 재귀 호출한다. 이 때 열을 저장하고 있는 row 변수를 1 증가시켜서 다음 열을 선택하도록 재귀 호출한다는 것을 잊지말자.

여기서 중요한 것은 재귀 호출 다음 문장에서 checked[i]를 다시 False로 한다는 점이다. 이 문장의 의미는 재귀 호출에서 빠져나오면 현재 선택한 항목을 해제하여 선택하지 않은 것으로 다음에 처리할 수 있도록 하기 위함이다.

이 부분의 코드가 빠져 있으면 올바른 값을 구할 수 없으므로 주의하자.

이제 3×3 행렬 중 합이 최소가 되는 항목을 선택하는 전체 코드와 실행 결과를 살펴보자.

```
False = 0
True = 1
INT_MAX = 10000

m = [
   [ 1, 5, 3 ],
   [ 2, 5, 7 ],
   [ 5, 3, 5 ]
]

col_check = [ False, False, False ]
min_sol = INT_MAX

def f(row, score):
   global min_sol

   if row == 3:
      if score < min_sol :
        min_sol = score
      return min_sol

   for i in range(3):
      if col_check[i] == False:
        col_check[i] = True
        f(row + 1, score + m[row][i])
        col_check[i] = False

   return min_sol

if __name__ == "__main__":

   print("min_sol : %d"%(f(0,0)))
```

실행 결과는 다음과 같다.

```
D:\work\python>python test.py
min_sol : 8

D:\work\python>
```

회문이란 영어로는 팰린드롬(palindrome)이라고 하며 거꾸로 읽어도 제대로 읽는 것과 같은 문장이나 낱말을 말한다. 예를 들면, "구로구"나 "level" 등이 이에 해당된다. 주어진 문장이 회문인지를 확인하는 알고리즘을 작성해보자. 단, 회문 확인을 할 때 띄어쓰기나 문장부호 등은 무시해도 좋다.

📖 : 접근풀이 및 조건

프로그래밍으로 회문을 확인하는 방법은 문장의 양쪽 끝에서 하나씩 비교하면서 다른 문자인 경우면 회문이 아니므로 빠져나오고, 문장의 절반까지 도달하게되면 결국 전체문장을 확인한 것과 마찬가지므로 이 문장은 회문이 된다.

다음의 조건을 보자.

조건 01   주어진 문자열의 처음과 끝의 문자를 비교하고 같으면 그 다음 문자를 비교하며, 아니면 빠져나온다.

간단한 회문 확인을 다음의 힌트를 보면서 세부 코드를 작성해보자.

💡 : 힌트

힌트 01   주어진 문자열의 처음과 끝의 문자를 비교하고 같으면 그 다음 문자를 비교하며, 아니면 빠져나온다.

다음의 그림을 보면 회문 확인코드를 어떻게 작성해야하는지 쉽게 이해할 수 있다.

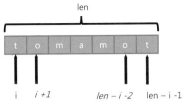

▲ 회문의 문자열의 앞.뒤 비교

위의 문자열 "tomamot"이 회문인지 검사하기 위해서는 문자열의 첫 번째 항목인 str[i]와 끝항목인 str[len−i−1]과 비교한다. 단, 문자열 "tomamot"의 길이는 len이며 i는 0부터 시작하게 된다.

문자열을 처음부터 문자열의 절반인 (len/2)까지 반복하게되며, str[0]과 str[len−1]이 같은 문자라면 그 다음 검사인 str[1]과 str[len − 2]를 검사하게 된다.

이러한 회문 검사 조건을 만족시키는 골격 코드는 다음과 같다.

골격 코드

```
i = 0
while i < (len / 2):
  if str[i] != str[len - i - 1]:
    return False
```

for문을 사용하여 인덱스 i를 0부터 문자열의 절반인 (len/2)까지 반복하며, str[i]가 str[len−i−1]과 같은지 검사한다. 만약 같지 않으면 바로 0을 리턴하고 for문을 빠져나온다. 중간에 for문을 빠져 나오지 않고 반복문을 모두 실행하고 나면 검사한 문장이 회문임을 나타내므로 True를 리턴한다.

이제 회문을 확인하는 전체 코드를 보고 실행 결과를 확인해보자.

전체 코드

```
str = "mississippi"
length = 11

def f():
  p = 0
  c = 0
  for i in range(length):
    j = i + 1
    while j < length:
      p = j - i + 1
      k = 0
      while i + k < j - k:
        if str[i+k] != str[j-k]:
          p = 0
          break
        k = k + 1
      c = c + p
```

```
        j = j + 1


    print("회문의 갯수 : %d"%(c))



if __name__ == "__main__":
    f()
```

실행 결과는 다음과 같다.

만들 수 있는 삼각형의 개수 구하기(재귀 호출)

이 문제에서는 세 변의 길이의 합이 주어진 숫자 n과 같거나, 세 변 중 두 변의 합이 다른 한 변의 크기보다 큰 경우에 만들 수 있는 삼각형의 갯수를 구하는 문제다. 재귀 호출을 사용하여 만들 수 있는 총 삼각형의 수를 구하는 방법을 만들어보자.

📑 접근풀이 및 조건

이 문제에서는 세 변의 길이의 합이 주어진 숫자 n보다 작거나 클 때 삼각형의 세 변의 길이를 구하는 문제다. 삼각형의 세 변을 a, b, c라고 하면 이 문제는 한 변인 a를 1부터 n까지 증가시킬 때 b와 c의 길이의 조합을 구하면 된다.

이러한 방법은 주어진 조건에 대해 a와 b, 그리고 c의 모든 길이에 대해 검사를 하게 되므로 전체 탐색이라고한다.

이러한 전체 탐색은 "최적화 코드"와는 거리가 멀지만 알고리즘을 생각해내기가 쉽고 구현이 간단하다는 장점이 있다. 일단 여러분들은 최적화를 고민하지말고 전체탐색이 가능한 코드를 작성한 후에 그 코드를 조금씩 최적화시켜 나가야한다.

다음의 조건을 만족시키는 코드를 작성해보자.

조건 01   전체 탐색을 위해 삼각형의 세 변 a, b, c를 1 부터 n까지 증가시키는 반복문을 사용한다.

전체탐색을 위해 삼각형의 세 변 a, b, c를 이용하여 삼각형이 가능한 코드를 작성하기 위해서는 세 변 a, b, c를 1부터 n까지 모두 반복 시키는 코드가 필요하다. 따라서 3개의 반복문을 중첩하여 사용해야한다.

조건 02   삼각형이 되는 조건 : a <= b && b <= c && a + b > c을 만족해야 한다.

삼각형의 세 변 a, b, c가 삼각형이 되려면 최소한 a + b > c는 만족해야한다. 초등학교 4학년 과정에 나오는 개념이므로 별도로 설명하지 않아도 알고 있으리라 생각한다.

위의 조건을 만족시키는 코드를 다음 힌트를 참고하여 작성해보자.

힌트

힌트 01 삼각형의 세 변 a, b, c를 1부터 n까지 증가시키는 반복문을 사용한다.

삼각형의 세 변 a, b, c를 1부터 n까지 반복시키는 중첩문 3개의 구조는 다음과 같은 골격 코드처럼 작성한다.

골격 코드

```
a = 1
while a <= n:
  b = a
  while b<= n:
    c = b
    while c <= n:
```

위의 3개의 중첩문에서 첫 번째 변인 a는 1부터 n까지 반복하는데 두 번째 변인 b와 세 번째 변인 c가 1부터 시작하는 것이 아니라 각각 a와 b부터 시작하는 이유는 무엇일까?

그 이유는 주어진 n이 6일 때 [1 2 3]이라는 삼각형과 [2 1 3]이라는 삼각형과 [3 2 1]이라는 삼각형 모두 같은 형태의 삼각형이기 때문이다. 이와 같이 완전 탐색이라고 하더라도 조금이라도 반복의 횟수를 줄이는 방법을 "가지치기"라고 하며 알고리즘을 작성할 때 자주 사용하는 최적화 방법 중 하나이다.

힌트 02 삼각형이 되는 조건 : a ⟨= b && b ⟨= c && a + b ⟩ c을 만족해야 한다.

위의 삼각형의 조건을 만족시키는 조건은

골격 코드

```
a = 1
while a <= n:
  b = a
  while b<= n:
    c = b
    while c <= n:
      if a + b + c == n and a + b > c:
```

위의 코드는 3개의 중첩된 반복문 안에 if문을 사용하여 삼각형의 생성조건을 만족하는지 검사한다. 만약 위의 if문이 True이면 주어진 a,b,c로 삼각형을 생성할 수 있음을 출력하고, 그렇지 않으면 다음 반복문의 단계로 넘어가게된다.

위의 힌트들을 이용하여 주어진 n까지의 숫자에 대해 가능한 삼각형의 개수를 출력하는 코드를 작성해
보자. 단, 여기서 n을 100이라고 가정해보자.

재귀 호출을 사용한다는 것은 세 변 a, b, c를 각각 하나씩 증가시키는 재귀 함수를 호출해야 한다는 것
을 의미한다. 이 말은 다음의 코드와 같이 구현해야 한다는 뜻이다.

```
check_triangle(n, a + 1, b, c)
  check_triangle(n, a, b + 1, c)
  check_triangle(n, a, b, c + 1)
```

즉, 위와 같이 세 변 a, b, c의 합이 n이며, a+1을 증가시켜서 재귀 함수를 호출하고, 그 다음에는 b+1
를 호출하고, 그 다음은 c+1로 호출한다. 이와 같이 재귀 함수를 사용하는 방법도 전체 탐색에 속하며 다
음과 같은 트리 형태로 만들 수 있다.

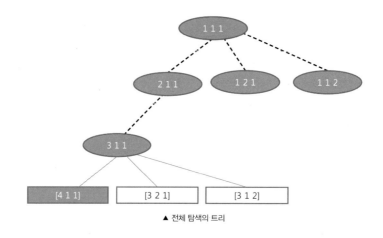

▲ 전체 탐색의 트리

예를 들어, n이 6이라고 가정해보자. 위의 그림과 같이 (1, 1, 1)로 시작했을 때 첫 번째 변인 a를 1씩 증
가시켜서 삼각형을 만드는 조건을 만족하는 경우는 가장 왼쪽의 [4 1 1]인 경우 뿐이다. a를 1 증가시키는
재귀 함수를 호출하고, 그 다음에는 b를 1 증가시키는 재귀 함수를 호출하며, 그 다음에는 c를 1 증가시키
는 재귀 함수를 호출하더라도 실제 삼각형을 만드는 조건을 만들어서 재귀 함수를 빠져나오도록 해야한다.

이 부분이 키포인트다. 이에 대한 코드는 전체 코드와 실행 결과에서 확인해보자.

```
cnt = 0
checked = [[[0 for i in range(21)] for j in range(21)] for k in range(21)]

def solve(n, a, b, c):
    global cnt

    if a + b + c == n:
        if a <= b and b <= c and a + b > c and checked[a][b][c] == 0:
            cnt = cnt + 1
            checked[a][b][c] = 1
        return

    solve(n, a + 1, b, c)
    solve(n, a, b + 1, c)
    solve(n, a, b, c + 1)

if __name__ == "__main__":
    n = 10
    solve(n, 1, 1, 1)
    print("만들 수 있는 삼각형의 갯수 : %d" % (cnt))
```

위의 전체 코드는 n을 2로 설정하여 결과를 얻었다. 100으로한 경우에는 시간이 너무 많이 걸리기도 하고, 독자들의 컴퓨터에 따라서는 실행 중에 멈춰버릴 수도 있으니 유의해야 한다.

실행 결과 ......

파스칼의 삼각형

파스칼의 삼각형은 파스칼에 의해 만들어졌다고 알려졌으나 사실 수세기 전부터 알려져왔다. 수학에서 사용하는 이항계수를 삼각형 모양으로 배열한 형태를 말한다. 이 문제에서는 파스칼의 삼각형을 구하여 화면에 출력하는 알고리즘을 작성해보자.

접근풀이 및 조건

파스칼의 삼각형은 다음과 같은 방법으로 만들 수 있다.

먼저 첫 번째 줄에는 숫자 1로 설정한다. 그 다음 줄은 바로 위의 왼쪽 숫자와 오른쪽 숫자를 덧셈한다. 예를 들어, 네 번째 줄의 숫자 1과 3을 더하여 다섯 번째 줄의 4가 만들어진다.

$$
\begin{array}{ccc}
 & 1 & \\
1 & & 1
\end{array}
$$

첫 번째 줄과 두 번째 줄은 모두 1이 된다. 특히, 두 번째 줄은 첫 번째 줄의 항목이 하나밖에 없으므로 그대로 갖고 오게된다.

$$
\begin{array}{ccccc}
 & & 1 & & \\
 & 1 & & 1 & \\
1 & & 2 & & 1
\end{array}
$$

세 번째 줄의 항목 3개는 1, 2, 1이 된다. 맨 왼쪽의 1은 위에서 갖고 올 수 있는 항목이 하나밖에 없으므로 1이 되며, 마찬가지로 맨 오른쪽 항목 역시 갖고올 수 있는 항목이 하나밖에 없으므로 1이 된다. 그러나 중간의 2는 바로 윗줄에서 2개의 1을 갖고 오게되므로 2가 된다.

이와 같은 방식으로 파스칼의 삼각형을 구하게 되면 다음의 조건을 만족해야한다.

조건 01   현재의 숫자는 바로 위의 왼쪽 숫자와 오른쪽 숫자를 덧셈하여 구한다.

바로 위의 행에서 왼쪽 숫자와 오른쪽 숫자를 덧셈하여 구하는 알고리즘 형식으로 구할 수도 있지만, 조금 더 쉽게 구하기 위해서는 "019. 반복문을 이용한 조합(nCr) 구하기"의 조합 공식을 이용하면 훨씬 간단하다. 먼저 파스칼의 삼각형에서 4번째 줄까지를 구하면 다음과 같은 결과를 얻을 수 있다.

$$
\begin{array}{ccccccccc}
 & & & & 1 & & & & \\
 & & & 1 & & 1 & & & \\
 & & 1 & & 2 & & 1 & & \\
 & 1 & & 3 & & 3 & & 1 & \\
1 & & 4 & & 6 & & 4 & & 1 \\
\end{array}
$$

위와 같은 숫자의 출력 형식과 다음의 조합을 이용하여 구한 출력과 비교해보자.

```
combi(0,0) = 0

combi(1,0) = 1
combi(1,1) = 1

combi(2,0) = 1
combi(2,1) = 2
combi(2,2) = 1

combi(3,0) = 1
combi(3,1) = 3
combi(3,2) = 3
combi(3,3) = 1

combi(4,0) = 1
combi(4,1) = 4
combi(4,2) = 6
combi(4,3) = 4
combi(4,4) = 1
```

위의 조건 01 에 대한 힌트는 다음과 같다.

💡 힌트

힌트 01   파스칼의 삼각형의 출력 공식을 조합(combination) 공식으로 변환하여 설계하자.

조합의 공식은 다음과 같다.

```
골격 코드                                              ● ● ●

def combi(n, r):
    p = 1
    for i in range(1,r):
        p = p*(n - i + 1) // i
    return p
```

위의 조합공식에 대한 알고리즘은 앞의 문제에서 설명을 했기 때문에 생략하기로 한다.

결국 파스칼의 삼각형을 출력하는 골격 코드는 다음과 같이 작성할 수 있다.

```
골격 코드                                              ● ● ●

n = 0
while n <= N:
    r = 0
    while r <= N:
        print(%3d"%combi(n,r), end="")
        r = r + 1
    print()
    n = n + 1
```

변수 n은 0부터 주어진 N까지 반복하면서 각각의 숫자 n에 대해 r 역시 0부터 n까지 반복하여 두 숫자 n과 r의 조합 combi(n,r)을 출력하면 된다.

이제 파스칼을 사용한 전체 코드와 실행 결과를 보자.

```
전체 코드                                              ● ● ●

N = 12

def combi(n, r):
    p = 1

    for i in range(1,r):
        p = p*(n - i + 1) // i
```

```
        return p



if __name__ == "__main__":

    for n in range(N+1) :
        t = 0
        while t < (N - n) * 3 :
            print(" ",end="")
            t = t + 1

        for r in range(n + 1) :
            print("%3d   "%(combi(n,r)), end="")
        print()
```

위의 실행 결과는 다음과 같다.

실행 결과 ······ ☀

유클리드 호제법을 사용하여 최대공약수 구하기

유클리드 호제법은 컴퓨터 알고리즘 분야에서 최대공약수를 구할 때 거의 대부분 사용하는 알고리즘이다. 여기서 호제법이라는 용어로 인해 이 알고리즘이 어렵다고 생각할 수 있는데 호제법이란 2개의 수가 "서로 상대방을 나누어" 구한다는 의미로 호제(서로 호, 나눌 제)라는 이름이 붙여졌다. 이 유클리드 호제법에 대한 알고리즘을 작성해보자.

접근풀이 및 조건

유클리드 호제법(Euclidean algorithm)은 2개의 자연수의 최대공약수를 구하는 알고리즘의 하나이다. 호제법이란 말이 어렵게 들릴 수 있지만 호제법이라는 말은 두 수가 서로 상대방 수를 나누어 결국 원하는 수를 얻는 알고리즘이라는 것을 말한다. 2개의 자연수 a, b를 유클리드 호제법을 사용하면 다음과 같다.

a를 b로 나눈 나머지를 r이라 하면(단, a>b), a와 b의 최대공약수는 b와 r의 최대공약수와 같다. 이 성질에 따라, b를 r로 나눈 나머지 r'를 구하고, 다시 r을 r'로 나눈 나머지를 구하는 과정을 반복하여 나머지가 0이 되었을 때 나누는 수가 a와 b의 최대공약수이다. 이는 현재까지 가장 오래된 알고리즘으로 알려져 있다.

다음의 예를 보자. 1071과 1029의 최대공약수를 구하면,
1071은 1029로 나누어 떨어지지 않기 때문에, 1071을 1029로 나눈 나머지를 구한다. 나머지는 42가 된다.
1029는 42로 나누어 떨어지지 않기 때문에, 1029를 42로 나눈 나머지를 구하면, 나머지는 21이 된다.
42는 21로 나누어 떨어지기 때문에 따라서, 최대공약수는 21이다.
78696과 19332의 최대공약수를 구하면,

$$78696 = 19332 \times 4 + 1368$$
$$19332 = 1368 \times 14 + 180$$
$$1368 = 180 \times 7 + 108$$
$$180 = 108 \times 1 + 72$$
$$108 = 72 \times 1 + 36$$
$$72 = 36 \times 2$$

따라서, 최대공약수는 36이다.

유클리드 호제법은 간단하므로 전체 코드와 실행 결과를 보고 이해하도록 하자.

전체 코드

```
def f(a, b):
    if b == 0:
        return a
    else:
        return f(b, a % b)


if __name__ == "__main__":

    print("84 and 60 : %d\n"%(f(84, 60)))
```

실행 결과는 다음과 같다.

```
D:\work\python>python test.py
84 and 60 : 12

D:\work\python>
```

반복문을 사용하여 피보나치 수열 구하기

피보나치 수가 처음 언급된 문헌은 기원전 5세기 인도의 수학자 핑갈라가 쓴 책이다. 한편 유럽에서 피보나치 수를 처음 연구한 것은 레오나르도 피보나치로 토끼 수의 증가에 대해서 이야기하면서 피보나치 수에 대해 언급했다. 레오나르도 피보나치가 피보나치 수로 예를 든 토끼 이야기는 다음과 같다.

첫 달에는 새로 태어난 토끼 1쌍만이 존재하고, 두 달 이상 된 토끼는 번식할 수 있다. 번식 가능한 토끼 1쌍은 매달 새끼 1쌍을 낳고 토끼는 죽지 않는다.

따라서 첫 달에는 새로 태어난 토끼 1쌍이 있고, 두 번째 달에는 그대로 토끼 1쌍, 세 번째 달부터는 이 토끼 1쌍이 새끼를 낳게 되어 토끼가 2쌍이 되고, 네 번째 달에는 3쌍, 다섯 번째 달에는 5쌍이 된다. 이때 n번째 달에 a쌍의 토끼가 있었고, 다음 n+1 번째 달에는 새로 태어난 토끼를 포함해 b쌍이 있었다고 하자. 그러면 그다음 n+2 번째 달에는 a+b 쌍의 토끼가 있게 된다. 이는 n번째 달에 살아있던 토끼는 충분한 나이가 되어 새끼를 낳을 수 있지만, 바로 전 달인 n+1 번째에 막 태어난 토끼는 아직 새끼를 낳을 수 없기 때문이다.

이와 같이 피보나치 수를 구하는 알고리즘을 구해보자.

📑 접근풀이 및 조건

피보나치 수를 구하기 위해 위의 토끼 이야기를 수식으로 정의해보면 다음 그림의 점화식과 같다.

$$
F_n = \begin{cases}
0 & \text{if } n = 0 \\
1 & \text{if } n = 1 \\
F_{n-1} + F_{n-2} & \text{if } n > 1
\end{cases}
$$

▲ 피보나치 수의 점화식

위의 점화식으로 풀어보면 피보나치 수는 0과 1로 시작하며, 다음 피보나치 수는 바로 앞의 두 피보나치 수의 합이 된다. n이 0, 1,...이 될 때 피보나치의 수는 다음과 같다.

0, 1, 1, 2, 3, 5, 8, 13, 21, 34, 55, 89, 144, 233, 377, 610, 987, 1597, 2584, 4181, 6765, 10946...

이번 문제는 위의 피보나치 수를 반복문을 사용하여 구하는 알고리즘을 작성하는 것이다.

다음의 조건을 보자.

위의 점화식대로 n이 0이거나 1일 때의 피보나치 수는 1이 된다.
현재의 i에 대한 피보나치 수 fib_i는 이전 피보나치 수인 fib_i_1 과 fib_i_2의 합으로 구할 수 있다.

위의 조건에 맞게 다음의 〈힌트〉를 보고 세부 코드를 작성해보자.

힌트

힌트 01   n이 0이거나 1일 때의 피보나치 수는 1이 된다.

이 힌트는 간단하다. 결국 이 문제에서 구하는 피보나치 수는 n이 3인 경우부터 구하면 되므로 다음과 같이 반복문을 만들면 된다.

```
k = 3
while k <= n:
    ....
    k = k + 1
```

힌트 02   현재의 i에 대한 피보나치 수 fib_i는 이전 피보나치 수인 fib_i_1과 fib_i_2의 합으로 구할 수 있다.

피보나치 수를 구하는 함수 fib()는 다음과 같은 골격 코드로 만들 수 있다.

골격 코드

```
def fib(n) :
    f_i_2 = 1
    f_i_1 = 1
    k = 3
    while k<=n :
        dummy = f_i_1
        f_i_1 = f_i_2 + f_i_1
        f_i_2 = dummy
        k = k + 1
    return f_i_1
```

위의 코드를 보면 피보나치 수를 구하는 함수 fib() 내부에 for문의 제어 변수 k는 3부터 n까지 반복하여 계산을 한다. 바로 이전 값은 변수 f_i_1에 저장되어 있으며, 일단 이 값을 잠시 dummy 변수에 저장해 놓고 f_i_1과 f_i_2를 더하여 f_i_1에 저장한다. 그리고 나서 dummy에 저장되어 있는 기존의 f_i_1 값을

f_i_2에 다시 저장한다.

반복문을 사용하여 피보나치 수를 구하는 전체 코드와 실행 결과를 보자.

전체 코드

```python
def fib(n):
    a = 1
    b = 1

    for k in range(3, n):
        dummy = b
        b = a + b
        a = dummy

    return b

if __name__ == "__main__":

    for i in range(41):
        print("피보나치 %2d = %10d" % (i, fib(i)))
```

실행 결과

```
명령 프롬프트                                                         —   □
피보나치 13 =        144
피보나치 14 =        233
피보나치 15 =        377
피보나치 16 =        610
피보나치 17 =        987
피보나치 18 =       1597
피보나치 19 =       2584
피보나치 20 =       4181
피보나치 21 =       6765
피보나치 22 =      10946
피보나치 23 =      17711
피보나치 24 =      28657
피보나치 25 =      46368
피보나치 26 =      75025
피보나치 27 =     121393
피보나치 28 =     196418
피보나치 29 =     317811
피보나치 30 =     514229
피보나치 31 =     832040
피보나치 32 =    1346269
피보나치 33 =    2178309
피보나치 34 =    3524578
피보나치 35 =    5702887
피보나치 36 =    9227465
피보나치 37 =   14930352
피보나치 38 =   24157817
피보나치 39 =   39088169
피보나치 40 =   63245986

D:\work\python>
```

재귀 호출을 사용하여 피보나치 수 구하기

이 문제에서는 이전 문제에서 반복문으로 구한 피보나치 수를 재귀 호출을 사용하여 구해보자.

📖 접근풀이 및 조건

반복문 대신에 재귀호출을 사용하여 피보나치 수를 구하는 알고리즘은 오히려 반복문보다 더 쉽다. 결국 원래의 피보나치수를 구하는 점화식의 조건 그대로 만족하는 알고리즘을 작성하면 된다.

조건 01　　$fn = fn-1 + fn-2 \ (n > 2)$

위의 점화식을 만족시키는 세부 코드를 작성해보자.

💡 힌트

힌트 01　　$fn = fn-1 + fn-2 \ (n > 2)$

위의 조건을 재귀 호출형식으로 구현하면 다음과 같은 골격 코드를 만들 수 있다.

골격 코드

```
def fib(n):
    if n<=2:
        return 1
    else:
        return fib(n-1) + fib(n-2)
```

결국 위의 골격 코드는 n이 2보다 같거나 작은 경우는 1을 리턴하고, 그렇지 않은 경우는 점화식대로 재귀 호출 코드로 작성하면 된다. 이와 같이 재귀 호출을 사용하는 방식은 피보나치 수를 구하는 점화식 과거와 동일하기 때문에 생각해내기가 훨씬 쉽다는 것을 알 수 있다.

전체 코드와 실행 결과를 이전 문제와 비교해보자.

```
def fib(n):
    if n <= 2:
        return 1
    else:
        return fib(n - 1) + fib(n - 2)



if __name__ == "__main__":

for i in range(41):
    print("피보나치 %2d = d"%(i, fib(i)))
```

실행 결과는 다음과 같다.

실행 결과 ......:Ö:

```
명령 프롬프트                                                          —  □
피보나치  3 =          2
피보나치  4 =          3
피보나치  5 =          5
피보나치  6 =          8
피보나치  7 =         13
피보나치  8 =         21
피보나치  9 =         34
피보나치 10 =         55
피보나치 11 =         89
피보나치 12 =        144
피보나치 13 =        233
피보나치 14 =        377
피보나치 15 =        610
피보나치 16 =        987
피보나치 17 =       1597
피보나치 18 =       2584
피보나치 19 =       4181
피보나치 20 =       6765
피보나치 21 =      10946
피보나치 22 =      17711
피보나치 23 =      28657
피보나치 24 =      46368
피보나치 25 =      75025
피보나치 26 =     121393
피보나치 27 =     196418
피보나치 28 =     317811
피보나치 29 =     514229
피보나치 30 =     832040
D:\work\python>
```

동적계획법을 사용하여 피보나치 수 구하기

이번에는 피보나치 수를 동적계획법을 사용하여 구하는 알고리즘을 작성해보자. 동적계획법은 앞의 문제에서도 설명했듯이 원리는 매우 간단하다. 주어진 문제를 풀기 위해서 문제를 여러 개의 하위 문제(subproblem)로 나누어 풀고 그것을 결합하여 최종적인 목적에 도달하는 것이다. 각 하위 문제를 계산한 후, 그 해결책을 저장하여 후에 같은 하위 문제가 나왔을 경우 그것을 간단하게 해결할 수 있다. 이러한 방법으로 동적계획법은 계산 횟수를 줄일 수 있다. 특히 이 방법은 하위 문제의 수가 기하급수적으로 증가할 때 재귀 함수에 비해 성능면에서 훨씬 유용하다. 피보나치 수 역시 동적계획법으로 풀 수 있는 대표적인 문제 중 하나다.

📋 접근풀이 및 조건

동적계획법을 사용하여 피보나치 수를 구하는 방법은 피보나치 수의 점화식을 구한 것과 마찬가지로 간단하다.

피보나치 수의 점화식에 대한 다음의 조건을 보자.

조건 01 $f_n = f_{n-1} + f_{n-2}$ $(n > 2)$

위의 조건에 대해 동적계획법을 사용한 코드를 작성하기 위해서는 이전 값인 f_{n-1}과 f_{n-2}를 저장해두기 위한 공간이 필요하다. 동적계획법에서는 계산의 편리함을 위해 배열을 사용한다. 다음의 힌트를 살펴보자.

💡 힌트

힌트 01 $f_n = f_{n-1} + f_{n-2}$ $(n > 2)$

위의 조건 01 에 대해 배열을 이용하여 동적계획법 코드를 작성하면 다음과 같다.

```
for (i = 2; i <= n; i++)
    table[i] = table[i - 1] + table[i - 2];
```

위의 반복문 코드는 제어 변수 i를 2부터 시작해서 n이 될 때까지 반복하면서 이전의 값이 저장된

table[i-1]과 그 이전 값인 table[i-2]의 값을 더하여 현재 값인 table[i]에 저장한다.

위의 힌트대로 전체 코드를 작성해보자.

전체 코드

```
table = [0 for i in range(100)]

def fib(n):
    if n == 0 or n == 1:
        return n

    table[0] = 0
    table[1] = 1

    for i in range(2, n + 1):
        table[i] = table[i-1] + table[i-2]

if __name__ == "__main__":

    fib(30)
    for i in range(31):
        print("피보나치 %2d = %10d"%(i, table[i]))
```

```
table[0] = 0
table[1] = 1
for i in range(2, n + 1):
    table[i] = table[i-1] + table[i-2]
```

동적계획법을 사용하면 피보나치 수열과 같이 재귀 호출을 사용해야 하는 경우 배열(동적계획법에서는 테이블이라는 표현을 사용한다)을 사용하면 복잡한 재귀 호출을 사용하지 않아도 된다.

위의 동적계획법 코드는 재귀 호출 코드에 비해 코드 라인의 수는 크게 차이가 없다. 그러나, 재귀 호출 방식은 함수를 계속 호출하는 방식이기 때문에 재귀 호출의 수가 증가되면 될수록 컴퓨터의 성능에 영향을 미치기 때문에 연산 속도가 느려지게 된다. 그에 비해 동적계획법을 사용하면 그러한 영향을 거의 받지 않는다.

따라서, 몇 단계 정도의 간단한 문제라면 재귀 호출을 사용해도 무방하나, 피보나치 수열과 같이 단계가 많은 경우는 동적계획법을 추천한다.

실행 결과 ······ 🔆

```
명령 프롬프트                                                          —  □
피보나치   3 =          2
피보나치   4 =          3
피보나치   5 =          5
피보나치   6 =          8
피보나치   7 =         13
피보나치   8 =         21
피보나치   9 =         34
피보나치  10 =         55
피보나치  11 =         89
피보나치  12 =        144
피보나치  13 =        233
피보나치  14 =        377
피보나치  15 =        610
피보나치  16 =        987
피보나치  17 =       1597
피보나치  18 =       2584
피보나치  19 =       4181
피보나치  20 =       6765
피보나치  21 =      10946
피보나치  22 =      17711
피보나치  23 =      28657
피보나치  24 =      46368
피보나치  25 =      75025
피보나치  26 =     121393
피보나치  27 =     196418
피보나치  28 =     317811
피보나치  29 =     514229
피보나치  30 =     832040

D:\work\python>
```

동적계획법을 사용하여 1부터 N까지의 합 구하기(재귀 호출 사용)

1부터 주어진 숫자 N까지의 합을 반복문 대신에 재귀 호출을 사용하여 구해보자. 재귀 호출을 사용하여 계산된 중간 결과를 저장하기 위해 table이라는 배열을 사용하자.

🖹 : 접근풀이 및 조건

동적계획법을 사용하여 1부터 N까지의 합을 구하는 문제는 먼저 다음과 같은 조건을 세우는 작업이 필요하다.

> 조건 01 $f(n) = n + f(n + 1)\ (1 <= n)$

위의 조건에 따라 재귀 호출 코드를 작성해보자. 먼저 주어진 n은 1부터 시작하며 그 값을 더하여 배열 table에 저장한다.

💡 : 힌트

> 힌트 01 $f(n) = n + f(n + 1)\ (1 <= n)$

위의 조건 01에 대해 배열을 이용하여 동적계획법 골격 코드를 작성하면 다음과 같다.

📋 골격 코드

```
def f(k):
    if k == n + 1:
        return 0
    table[k] = k + f(k+1)
    return table[k]
```

즉, 함수 f()는 인수로 주어진 변수 k를 재귀 호출 f(k+1)과 덧셈한 값을 배열 table에 저장한다.

인수 k의 값이 n을 넘어 n + 1이 되면 재귀 호출을 빠져나온다.

이 코드에서 중요한 부분은 함수 f()의 재귀 호출에 대한 조건을 빠져나오는 코드와 덧셈의 중간 결과를 배열 table에 저장한 부분이다.

다음의 동적계획법을 사용하여 1부터 N까지의 합을 출력하는 전체 코드를 살펴보자.

전체 코드

```python
table = [0 for i in range(200)]
n = 0

def f(k):
    if k == n + 1:
        return 0
    table[k] = k + f(k + 1)
    return table[k]

if __name__ == "__main__":
    n = 100
    print("%d"%(f(1)))
```

실행 결과는 5050이다. n을 100으로 설정했기 때문에 1부터 100까지의 합을 구한 것이다. 여기서 중요한 것은 최종 결과가 아니라 변수 table에 저장되어 있는 중간 결과 값이다.

실행 결과

```
D:\work\python>python test.py
5050

D:\work\python>
```

배열 table[0]는 초깃값인 0으로 되어 있으며, table[1]은 5050 결과값이 저장되어 있다. 이 결과의 관계에 대해 잘 살펴보도록 하자.

반복문(상향식 설계)을 사용하여 1부터 N까지의 합 구하기 **043**

앞에서 피보나치 수열을 통해 동적계획법의 특성에 대해 배웠다. 이번 문제에서는 동적계획법의 가장 큰 특징 중 하나인 메모이제이션(memoization)에 대해 알아보자. 1부터 주어진 숫자 N까지의 합을 반복문 기반의 동적계획법을 사용하여 구해보자. 이 문제에서는 동적계획법을 사용하기 때문에 table이라는 배열을 사용한다.

📝 접근풀이 및 조건

동적계획법을 사용하여 1부터 N까지의 합을 구하는 문제는 먼저 다음과 같은 조건을 세우는 작업이필요하다.

조건 01   table[n] = n + table[n-1] (1<=n)

위의 조건에 따라 재귀 호출 코드를 작성해보자. 먼저 주어진 n은 1부터 시작하며 그 값을 더하여 배열 table에 저장한다.

💡 힌트

힌트 01   table[n] = n + table[n-1] (1<=n)

위의 조건 01 에 대해 반복문을 이용하여 동적계획법 골격 코드를 작성하면 다음과 같다.

골격 코드

```
i = 1
while i <= n:
    if i == 1:
        table[i] = 1
    else:
        table[i] = table[i-1] + i
    i = i + 1
```

위의 코드는 이전 문제에서 재귀 호출을 사용하여 함수 f()를 호출한 것과 비교해서 for문을 사용하여 배열 table에 중간 결과 값을 저장한다.

반복문을 사용한 1부터 n까지의 합을 구하는 코드에 대한 전체 코드는 다음과 같다.

전체 코드

```
table = [0 for i in range(200)]

if __name__ == "__main__":
    n = 100
    for i in range(n+1):
        if i == 1:
            table[i] = 1
        else:
            table[i] = table[i - 1] + i
    print("%d"%(table[n]))
```

실행 결과는 이전 문제와 마찬가지로 5050이다. 여기에서 중요한 것은 배열 table에 저장된 값들이 무엇인가하는 점이다. 위의 결과는 이전 문제의 table의 값과는 다르다. 왜 table의 값들이 서로 다른지 이해해보자.

실행 결과 ⋯⋯ 💡

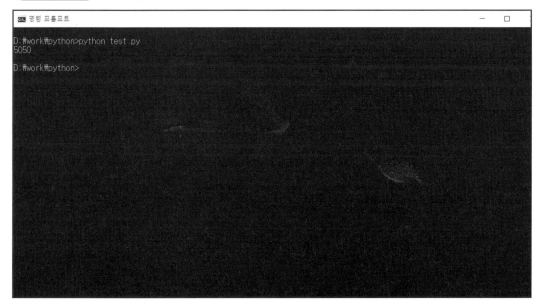

몇 개의 예제 프로그램을 통해 배운 동적계획법의 원리는 매우 간단하다. 일반적으로 주어진 문제를 풀기 위해서, 문제를 여러 개의 하위 문제(subproblem)로 나누어 푼 후, 그것을 결합하여 최종적인 목적에 도달하는 것이다. 각 하위 문제의 해결을 계산한 후, 그 해결책을 저장하여 다음에 같은 하위 문제가 나왔을 경우 그것을 간단하게 해결할 수 있다. 이러한 방법으로 동적계획법은 계산 횟수를 줄일 수 있다. 특히 이 방법은 하위 문제의 수가 기하급수적으로 증가할 때 유용하다.

특히 동적계획법은 최단 경로를 찾아내는 문제나 행렬의 제곱식을 구하는 문제 등의 여러 가지 해법이 존재하나 그 중에 가장 최적화된 방법을 찾는 경우에 유용하다. 동적계획법의 특징이 가능한 모든 방법을 검토해서 그 중에서 가장 최적의 솔루션을 찾아내는 방식이기 때문이다. 결국 여러 가지 방법이 존재하고 그 방법을 빠른 시간 내에 검토해서 그 중에 가장 최적의 방법을 찾아야만 하는 문제라면 동적계획법이 최선의 방법이라고 할 수 있다.

그러나 동적계획법이라고 해서 단점이 없는 것은 아니다. 동적계획법의 가장 큰 단점은 모든 상황을 검토해서 최적의 경로를 찾아내기 때문에 매번 주어진 모든 상황에 대해 검토하는데 많은 시간이 필요하다. 이러한 단점을 극복하기 위해 등장한 방법이 그리디(Greedy) 알고리즘 방법이며, 그리디 알고리즘은 주어진 상황의 그 순간에 최선의 방법을 선택한다. 물론 그리디 알고리즘 방법이 동적계획법에 비해 더 최적의 방법을 찾아주지는 못하지만 빠르게 판단해서 그 순간 최적의 방법을 구하기 때문에 경우에 따라서는 동적계획법보다 나은 알고리즘이라고도 볼 수 있다.

예를 들어, 네비게이션을 통해 지도에서 길을 찾아 가는 경우, 차량 정체 구간에서 A라는 지점에서 B라는 지점까지 가능한 빨리 이동하는 경로를 찾고 싶다고 하자. 이 문제에서 동적계획법을 사용한다면, 우리가 갈 수 있는 모든 상황과 교통 정체를 전부 감안하여 최적의 경로를 찾아낸다. 반면 그리디 알고리즘은 전체적인 상황을 고려하지 않고, 순간순간 교차로가 보일 때마다 가장 빠른 경로를 검색하여 찾아줄 것이다. 물론 동적계획법으로 경로를 검색하는 동안 우리가 운전을 잠깐 쉬어야 하듯이, 우리는 동적계획법을 사용하면 약간의 시간이 걸린다는 단점이 있다. 그러나 이렇게 얻어낸 경로는 (교통 환경이 변하지 않았다는 가정 하에) 우리가 갈 수 있는 가장 빠른 길이 된다고 장담할 수 있다. 반면 그리디 알고리즘은 즉효성이 있는 대신, 항상 최적의 경로를 찾아주지는 않는다. 각 구간마다 최적의 경로를 찾는다고 해도 그것이 전체적으로 최적의 경로가 되지는 않기 때문이다. 즉, 동적계획법은 그리디 알고리즘에 비해 시간적으로는 효율적이지 못할 수는 있어도, 그 결과에 대해서는 효율적인 값을 구할 수가 있다.

핵심 개념과 실전 문제로 마스터하는
필수 알고리즘 with 파이썬

1판 1쇄 발행 2018년 10월 24일
1판 2쇄 발행 2019년 12월 13일

저　　자 | 박선주
발 행 인 | 김길수
발 행 처 | (주)영진닷컴
주　　소 | 서울 금천구 가산디지털2로 123 월드메르디앙벤처센터 2차
　　　　　 10층 1016호. (우)08505

등　　록 | 2007. 4. 27. 제16–4189호

YoungJin.com **Y.**
영진닷컴